Bible of Negotiation

{ 세계가 인정한 }

{ 협상교과서 }

리 웨이시엔 지음 | 박지민 옮김

아라크네

협상 테이블에서 반드시 승리하라

비즈니스계에 뛰어든 20년 동안 협상의 기술을 통해 나는 많은 돈을 절약했다. 달리 말하면 그만큼 번 것이라고도 할 수 있다. 물론 나 역시 상대방의 협상 기교를 파악하지 못해 파산 직전까지 간 적도 있었다. '협상 때문에 파산이라니!' 하고 의아해하는 사람도 아마 있을 것이다. 그러나 사실이다. 그리고 이 모든 성공과 실패의 과정에서 직접 깨닫고 얻은 경험과 기술을 이 책에 고스란히 담았다.

내가 포브스 잡지사에 근무할 때와 실천가 지식 관리 그룹을 설립했을 때, 세계적인 협상전문가인 로저 도슨Roger Dawson을 초청해 아시아 순회 강연회를 연 적이 있었다. 그리고 2006년 7월 미국 플로리다에서 열리는 NSA[국제연설가협회]에 참석해 그와 함께 3일간 각국 정상급 연설가들과 세미나를 가졌다. 그 짧은 시간에도 나는 언제 어디서든 계속 발전하고 성장하는 최정상급 협상 대가들의 모습에 긴장하고 또 많은 것들을 느꼈다.

회의가 끝나고 미국을 떠나 막 캐나다에 도착했을 때 나는 로저 도슨이 보낸 메일 한 통을 받았다. 그 내용은 세 번째 아시아 순회 강연회의 초청 문제와 강연 일정에 대한 협상 메일이었다. 과연 협상의 대가다운 모습이었다. 그는 배우고 실천하고 나누는 과정을 끊임없이 되풀이하며 발전하는 사람이었다.

이처럼 협상은 매순간 우리를 찾아온다. 그와는 고작 인사를 나눈 게 전부였지만, 보이지 않는 협상에선 이미 그가 나를 이긴 셈이었다. 내가 아닌 그가 이기다니…. 협상 전문가 세계에서 이는 파산에 다름 아니다.

사람의 하루 일과 속 언제 어느 곳에서든 협상은 존재한다. 아침에 침대에서 일어날까 말까 하는 고민에서부터, 잠자리에 들어 잠을 잘 것인가 말 것인가 하는 잡생각에 이르기까지 사람들은 자신과 또는 타인과 협상을 한다. 이처럼 협상을 하는 시간이 길고, 기회도 많지만 협상에 대해 진지하게 배운 사람은 극소수에 불과하다.

동양인과 달리 서양인은, 협상은 말 그대로 협상이라 여긴다. 하지만 동양인은 협상을 상의하는 것쯤으로 여긴다. 사실 이 두 말은 같은 것이다. 협상이 바로 상의이다.

동양인의 생각처럼 협상이 상의하는 것이라 해도 그 속에는 각자의 노림수가 있게 마련이다. 얻는 것이 있으면 잃는 것도 있고, 나갈 때가 있으면 물러날 때도 있어야 한다. 어느 한쪽만 승리하는 것이 아니라 쌍방 모두 승리해야 하며, 한쪽의 결정을 따르는 것이 아니라 쌍방이 함께 결정해야 한다.

사람에게 협상이 왜 필요한지에 대해 간단하게 이야기해보자.

경제적 이익 측면에서 본다면 협상을 통해 얻는 금전적 이익은 모두 순이익으로, '동일한 시간 최대 이익을 얻을 수 있는 가장 효율적인 방식'이라 할 수 있다. 입을 열기만 하면 절반의 기회가 생기는데 무엇 때문에 협상을 피하겠는가!

생활적 측면에서 본다면 협상을 통해 가장 적은 비용으로 충돌과 모순을 해결해 대립과 갈등을 피할 수 있다. 종합해 보면 이익은 발생하고 손실은 줄었다. 이는 부자가 되는 가장 기본적인 공식이다. 내가 당신에게 강조하고 싶은 것은 이 말 한마디뿐이다.

성공하려면 협상 테이블에서 반드시 승리하라.

리 웨이시엔

CONTENTS ▶ ▶ ▷

1장

협상의
목적은
서로가
이기는
것

"여보! 햄버거가 먹고 싶은데 하나 사다 줘."

"잠깐만 기다려. 이 프로그램 끝나면 사다 줄게!"

"안 돼. 지금 당장 사다 줘. 안 사다 주면 화낼 거야!"

"나도 당신이 이걸 못 보게 하면 화낼 거야!"

집에서 종종 볼 수 있는 흔한 일이다. 이렇게 각자의 입장을 내세우며 부부의 작은 분쟁이 시작되는 경험이 누구에게나 있을 것이다.

생활 속에서 우리는 이처럼 자주 협상이 필요한 상황과 맞닥뜨리게 된다.

당신이 직원이라면 사장과 이런 이야기를 할 수도 있을 것이다.

"사장님! 제가 최근에 집을 사고 차를 한 대 뽑았습니다."

직원이 이런 말을 할 때 사장은 그가 무슨 말을 하려는지 알 수 있다. 직원이 요구사항을 말했지만 사장은 흔쾌히 그의 요구를 들어줄 마음이 없다.

"나도 자네 상황이야 알지. 허나 자네도 알다시피 최근 우리 회사도 공장을 짓기 시작하지 않았나? 그래서 자금이 많이 부족하다네."라고 하거나, 또 다른 어려운 상황을 이야기할 것이다. 이렇게 한쪽은 월급 인상을 요구하고 한쪽은 월급 동결을 이야기하며 두 사람은 서로간의 접점을 찾게 마련이다.

이처럼 사장과 직원, 세일즈맨과 손님 또는 부부나 부모 자식 간에 우리는 시시때때로 협상을 한다. 특히 국제화 시대가 되면서 외국과의 국제 비즈니스와 협상 기회가 점차 늘어나고 있다. 게다가 모두들 훈련을 통해 협상 능력을 키우기 때문에 협상은 날이 갈수록 어려워지고 있다. 가정에서나 회사, 국내든 국외든 우리는 언제 어디서나 협상이 필요한 상황을 만나고 있으니, 현대는 협상의 시대라 해도 과언이 아니다.

하지만 '협상'이라는 두 글자에 그렇게 긴장할 필요는 없다. 사람들은 협상이라고 하면 아주 어렵고 대단한 일이라 여기거나, 다른 사람과 한바탕 전쟁을 벌이는 것으로 생각하지만 사실은 그렇지 않다.

앞서 프롤로그에서 말한 것처럼 동양인의 사고에서 보면 협상은 상의하는 것이니 그렇게 긴장할 필요까지는 없다. 서양식 협상과 동양식 협상은 물론 다르다. 하지만 양자 간의 가장 큰 차이는, 서양인은 그걸 협상이라 하고 동양인은 상의한다고 하는 언어적 차이뿐이다. 스타일은 확연히 다르지만 본질은 엄연히 같다.

미국 영화를 보면 그들은 협상이 끝난 다음에 샴페인이나 칵테일을 마시며 파티를 하고 협상 결과를 축하한다. 반면 동양인들은 먼저 술을 마시고 난 후 협상을 시작한다. 1차가 부족하면 2차, 2차도 부족하면 3차까지 이어진다. 저녁 6시에 1차 술자리가 시작됐다면 8시경에 자리를 옮겨 10시까지 마시고 다시 장소를 옮겨 새벽 2시, 때로는 밤새 술을 마신다. 날이 밝고 나서 정신이 혼미한 상황에서 쌍방은 계약서에 서명을 한다.

이처럼 서양인과 달리 술을 마시고 나서 협상을 하기 때문에 동양인들은 때로 계약한 합의서에 후회를 하기도 한다.

여기에 한 가지 중요한 점을 덧붙이자면, 서양인과 동양인은 서로 중요시하는 것이 다르다는 것이다. 서양인은 실리를 중시하지만 동양인들은 체면을 중시한다. 그런데 협상에서 가장 중요한 것이 무엇인가? 그것은 보다 많은 이익을 얻어내는 것이다. 때문에 협상에서는 무엇보다 실리가 중요한데도 우리는 체면 때문에 실리를 놓치는 경우가 많다는 것을 잘 모르고 있다.

현재 나는 16개의 회사를 경영하고 있다. 싱가포르, 말레이시아, 중국 대륙과 타이완, 홍콩에 회사가 있고, 미국과 영국에도 투자를 하고 있기 때문에 세계 각국의 외국 친구들과 접촉할 기회가 많다. 그들과 만나면서 느끼는 것은, 세계 어느 나라 사람이건 상관없이 내가 적극적으로 참여를 할수록 자극과 기회가 많이 생기고, 그것이 내게 큰 도움을 준다는 것이다.

우리는 왜 반드시 협상을 해야 하는 것일까? 그것은 협상으로 얻는 모든 금전적 이익은 순이익이기 때문이다. 단순히 몇 백 달러나 몇 천, 몇 만 달러를 얻기 위해 협상을 한다고 생각해서는 안 된다. 협상을 통해 얻는 모든 것은 전부 순수 이익이 된다는 것을 명심해야 한다.

얼마 전 타이완에서 미국까지 날아가서 협상에 관한 수업을 들었다. 이 수업은 아침 9시부터 오후 5시까지 단 하루 과정이었는데, 수업료는 무려 5,000달러였다. 5,000달러! 엄청난 금액이다. 당신은 아마 귀를 의심할지도 모른다. 5,000달러라면 다른 재미있는 일들을 얼마든지 할 수 있는 돈이다. 하지만 그날 5,000달러를 내고 수업을 들은 사람은 나를 포함해 무려 1,000명이었으니, 그 강사는 단 하루 강의로 무려 500만 달러를 벌어들인 셈이다. 아마 수업료가 지나치게 비싸다고 생각하겠지만, 정작 그 강사는 전혀 그렇게 생각하지 않았다.

그는 미국에서 가장 큰 부동산 중개상 중의 한명으로 연봉이 4억 달러가 넘는다. 계산해 보면 그는 한 달에 약 3,000만 달러를 벌어들이는 셈이다. 그 강사는 강의료에 대해 이렇게 말했다.

"전 세계 각지에서 협상의 기술에 관해 배우러 온 여러분들을 위해 나는 한 달 동안 준비를 했습니다. 내 한달 평균 수입은 3,000만 달러인데 오늘 수익은 겨우 500만 달러에 불과합니다."

그는 자신이 손해 본다고 생각하고 있었다.

앞의 예에서 보아 알 수 있듯이, 당신의 시간 가치가 얼마나 되는지 알고 있다면, 협상에 임할 때 당신의 요구 조건은 분명 달라질 것이다. 그러므로 자신의 시간이 어느 정도의 가치가 있는지를 먼저 알아야 한다.

그렇다면 시간의 가치를 어떻게 금전으로 환산할까? 하루 일하는 시간을 토대로 계산해 보자. 하루 8시간, 1주일에 5일, 휴가 기간 2주 정도 제하고 평균 50주 일한다고 보면 대략 2,000시간이 나온다. 연봉이 3,000만 원이면 당신의 1시간의 가치는 15,000원이라 할 수 있다. 따라서 당신이 오늘 협상을 통해 1시간 만에 10만 원을 절약했다면, 이는 당신 일상의 성과보다 훨씬 높은 것이다.

집을 한 채 산다고 하자. 집주인과 3시간의 협상을 통해 처음 제시한 1억 원을 9,500만 원으로 깎았다면, 당신은 3시간 만에 500만 원을 벌었고 1시간에 116만 원을 번 것과 같다. 별것 아닌 것처럼 느껴진다면 다시 한 번 계산해 보자. 당신의 1시간은 15,000원이었지만, 이 협상을 통해 1시간에 116만 원, 거의 100배에 달하는 돈을 순식간에 번 것이다. 협상을 통해서 말이다.

여기서 간과하지 말아야 할 것은, 당신의 일상적 시간 가치가 낮으면 낮을수록 협상을 통해 창조할 수 있는 가치는 점점 더 커진다는 사실이다. 따라서 협상이 필요한 어떠한 상황도 절대로 포기하지 말고, 협상의 기회를 잡아야 한다.

미국에서 타이완으로 돌아오자마자 나는 새로운 사무실을 얻어야 했다. 건물주는 한달에 32만 타이완달러(TWD, 약 1,100만원)를 요구했고, 한 달 동안 3차례에 걸친 협상으로 18만 타이완 달러에 결정을 봤다.

우리는 협상을 통해 월세를 14만TWD(약 500만원)를 절약했다. 2년 계약이었으니 336만TWD(약 1억 2천만원)를 절약한 셈이다. 이 엄청난 자금을 지불하지 않게 됐으니 순이익이 된 셈이다. 회사를 경영해도 첫 2년 동안 순이익을 이만큼 낼 수 있다고 누구도 보장할 수 없다. 순이익을 매출액의 10%로 잡는다면 3,360만TWD(약 12억원)의 매출을 올려야, 연말에 이것저것 정산하고 336만TWD의 순이익을 남길 수 있는 것이다. 그러나 나는 세 번의 협상을 통해 336만TWD를 벌어들였다.

이를 다음 사례에 적용해 보면, 당신은 협상의 가치를 지금까지와는 다르게 대할 것이다.

우리 회사에서 발간하는 잡지는 1년 정기구독 가격이 1,680TWD(약 6만원)이다. 3,360만TWD라는 매출액을 내려면 약 2만 명의 구독자가 필요하다. 2만 명의 구독자를 만들려면 나는 2만 명을 만나서 설명해야 하는데, 그렇게 만난 2만 명이 모두 정기구독을 한다는 보장이 있는가? 절대 그렇지 않다. 적어도 20만 명은 만나야 하고, 한 달 동안 20만 명을 만난다면 나는 하루에 6,666명을 만나야 하는데, 먹지도 자지도 않고 계속 사람들을 만난다 해도 불가능한 일이다. 이처럼 협상은 불가능을 가능으로 바꾸는 '기적 같은 일'이다.

다시 정리해 보자.

이런 상황에서 본다면 협상을 통해 이익을 얻는 것이 당신이 고객을 개척해 이윤을 얻는 것보다 훨씬 더 쉽다는 것을 알 수 있다. 게다가 협상을 통해 얻는 이익은 모두 순이익이므로, 노력을 통해 보다 큰 순이익을 낼 수 있도록 좋은 결과를 만들어야 한다.

반드시 기억하라! 그 어떤 경우에도 협상할 수 있는 기회를 포기해서는 안 된다.

그렇다면 협상을 통해 나만 이익을 얻으면 그만일까? 협상은 쌍방이 모두 이기는 WIN-WIN이 되어야지, 한쪽만 이겨서는 안 된다. 나도 이기고 너도 이기고 모두가 이기는 협상 결과를 만들어야 한다.

다시 한 번 말해 두지만, 협상은 WIN-WIN이 되어야 한다. 어떤 협상에서 만약 처음부터 끝까지 당신만 이익을 얻고 상대방은 손해만 본다면, 이후 어느 누구도 당신과 협상하려고 하지 않을 것이기 때문이다. 알겠는가? '기회가 절반이나 생기는' 협상 자체가 없어진다는 말이다. 당신의 이름만 들어도 모두 슬슬 피하고 말 것이다. 매번 협상마다 가격을 내려쳐 '상대방이 살 수 없게 만드는 강호의 살수(殺手)'를 누가 상대하려 하겠는가? 인생에서 살수(殺手)는 최악의 수(手)이다.

그렇기 때문에 협상의 결과는 반드시 쌍방이 만족하는 WIN-WIN이 되어야 한다. WIN-WIN은 쌍방 모두가 승리하는 것이다. 승리는 상대방에게는 이겼다는 만족감을 주고, 나에게는 이익을 안겨다 주는 것이라 할 수 있다. 간단히 말해 상대방은 체면을 세운 것이고 나는 이익을 챙긴 것이다. 이것이 바로 진정한 협상이라 할 수 있다. 협상에서 오로지 나만 이익을 챙기고 나만 이기면 된다는 생각은 버리고 반드시 상대방의 감정을 살펴야 한다.

덧붙여 한 가지 주의할 사항이 있다.

당신이 오늘 다른 사람과 협상을 이루어냈다고 하자. 그렇다면 당신은 먼저 투자를 할 의향이 있는가? 답은 '그래야 한다'이다. 또 일하기 전에 먼저 서비스를 해야 할까? 이 역시 '그래야 한다'가 답이다.

많은 사람들이 협상에서 처음부터 끝까지 나만 이익을 보기를 원해 투자도 하지 않고 서비스도 하지 않으려고 하지만, 그것은 불가능한 일이다. 당신이 고객에게 이익을 주지 않으면 그 고객 역시 당신이 원하는 이익을 주지 않을 것이다. 고객이 당신에게 투자하기 시작할 때 당신 역시 투자를 해야 한다. 여기서 당신이 이끌어내고자 하는 수익의 이자 정도가 바로 당신이 고객에게 지불하고 있는 서비스이다. 또 고객이 조금 부족하다고 느끼면 당신도 그가 부족하다고 느끼는 정도의 이익을 얻을 수 있게 해 주어야 한다.

협상에 임할 때 해야 할 가장 중요한 일은 바로 필요한 것을 찾아내는 일이다. 협상과정에서 우리는 능력 있는 사람을 찾아야 할까, 아니면 마음이 통하는 재주 많은 사람을 찾아야 할까?

생각해보자. 우리가 과거에 수많은 협상에서 실패를 했다면 아마 마음이 통하는 사람을 찾았기 때문일 것이다. 나와 마음이 통하고 재주가 많다고 해서 반드시 능력을 갖춘 것은 아니다. 때문에 먼저 능력 있는 사람을 찾아야 한다. 능력 있는 고객을 찾고 나서 나중에 마음이 맞고 재미있는 사람을 찾아도 늦지 않다.

협상가를 영어로 'negotiator'라고 한다. negotiator의 n은 바로 need이다. 즉, 필요한 것을 찾는다는 의미이다. 우리는 능력 있는 사람, 돈을 벌고 싶어 하는 사람을 찾은 다음 그가 필요로 하는 것을 찾아내야 한다. 그가 원하는 것을 찾은 후에 두 번째 단계를 시작해야 한다. e는 'expectation', 즉 기대를 말한다. 그의 기대를 충족시켜 주고, 돈을 벌고 싶어 하는 기대를 가진 사람을 찾아야 한다. 세 번째 단어는 매우 중요하다. g는 'guarantee', 사실이라는 것을 보증할 수 있어야 한다. 네 번째 o는 'objection', 다른 의견을 관철시킨다. 다섯 번째 t는 'trust', 고객이 당신을 믿게 해야 한다. 그리고 고객과의 대화과정에서 보다 적극적으로 임해야 한다. 적극적으로 임할수록 고객과 더욱 친밀해질 수 있고 마지막에 서로 좋은 결과를 얻을 수 있다. I는 'interaction'이다.

협상을 할 때 주의해야 할 사항 하나. 협상할 때는 가능하면 당신의 근거지나 지역에서 하는 것이 좋다. 이럴 경우 당신의 통제력과 상황 대처능력이 강해지기 때문이다. 7번째 단어인 a는 'assume tip close', 즉 협상이 이루어졌다고 가정하라. 당신의 고객이 당신과 함께 일을 하게 됐다고 가정하는 것이다. 그 다음부터는 빨리 움직여야 하기 때문에 다음 단어 t는 'time', 시간을 말한다. 시간을 엄수하고, 시간을 정확히 안배하고 지킬수록 상황은 더욱 좋아진다. 그 다음 9번째 단어 o는 'over'로, 당신의 모든 능력을 동원해 고객의 요구를 만족시켜야 한다. 고객의 요구를 만족시켰다면 이어서 해야 할 일은 고객과의 관계이다. 10번째 단어 r은 'relationship', 고객과의 장기적인 교류를 말한다.

이를 정리해 보면 아래의 단어가 완성된다.

NEGOTIATOR, 협상가가 의미하는 뜻은 다음과 같다.

N(Need) : 고객의 요구를 파악한다.

E(Expectation) : 고객의 기대와 희망을 창조한다.

G(Guarantee) : 고객에게 사실을 보증한다.

O(Objection) : 고객과 적극적으로 교류하며 의견을 관철시킨다.

T(Trust) : 신뢰를 쌓아라.

I(Interaction) : 고객과 적극적으로 상호 교류한다.

A(assume tip close) : 계약이 이루어졌음을 가정한다.

T(Time) : 당신의 시간을 정확히 안배하고 엄수한다.

O(Over) : 고객의 요구를 만족시킨다.

R(Relationship) : 고객과의 관계를 장기적으로 유지한다.

협상 역시 일종의 세일즈이다. 따라서 세일즈맨에게 필요한 4단계 진행과정으로 1장을 시작하려 한다.

세일즈맨에게 있어서 첫 번째는 끊임없이 고객을 발굴하는 것이다. 두 번째는 자격을 갖추었는지 확인해야 한다. 모든 고객이 살 수 있는 능력이 있는 것은 아니기 때문이다. 세 번째는 그의 욕망을 부추기는 것이다. 그가 돈을 벌고 싶게 만들고, 이 물건이 그에게 도움이 될 것이라는 것을 알게 해야 한다. 그의 욕망이 생겼을 때, 네 번째로 그와 적극적 교류를 통해 계약을 성사시키는 것이다.

때문에 우리는 매일 능력 있는 고객을 찾아야 한다. 그에게 부족한 욕망과 필요한 요구를 찾아 그에게 제공하는 것, 이것이 바로 협상의 시작이다.

    다음 장부터는 협상의 예술에 대해 구체적으로 분석해 독자들의 협상 기교를 높이고자 한다. 협상을 통해 창조되는 최대 이윤으로 함께 WIN-WIN하는 인생을 만들어 보자.

01 협상 전에 협상의 목표를 명확히 하라

협상 전의 철저한 준비는 아무리 강조해도 지나치지 않다.

협상에서 성공하려면 먼저 최종 목표를 세우고, 그것을 이루기 위한 전략과 전술을 준비해야 순조롭게 진행할 수 있다. 많은 사람들이 자신의 최종목표를 정하는 것에 소홀했기 때문에, 협상과정에서 일어나는 감정 기복이나 기타 요인으로 엄청난 이익을 창조할 수 있는 기회를 놓치고 만다.

오늘 집을 한 채 사야한다고 가정해 보자. 우리의 최종목표는 이 집이 안전한가 하는 부분이다. 그렇다면 전체 협상과정에서 다른 요소들은 양보할 수 있지만 절대로 양보할 수 없는 것은 안전성이다. 그러나 많은 사람들이 안전한 집을 구입한다는 최종 목표를 소홀히 여기고, 전체 협상과정에서 가격에만 지나치게 연연하게 된다. 결과적으로 가격은 확실히 낮춰 10% 이상 깎을 수 있겠지만, 집은 당신의 원래 요구만큼 안전하지 못하다. 건축자재의 질은 걱정스러울 정도이고, 많은 빌라들이 엘리베이터를 단독으로 사용하고 있는 데 반해, 이 집은 공동사용이다. 당신은 가격상의 문제로 당신의 최종 목표였던 안전성을 소홀히 여기고 말았다. 그리고 앞으로도 당신이 예상하지 못했던 여러 가지 위험 요소들이 발생할 수도 있다.

무엇이 당신의 최종 목표였는지 항상 기억해야 한다. 목표가 명확해야 협상과정에서 상대방의 달콤한 말에도 흔들리지 않고 최종 목표를 이뤄낼 수 있다. 때문에 어떤 협상에 임하기 전에 이 협상에서 내가 얻어야할 최종 목표가 무엇인지 반드시 기록하고 시작해야 한다.

예 >>

오늘 사장을 만나 임금인상에 관해 이야기한다고 가정해 보자. 당신과 사장과의 이 협상에서 당신의 최종목표는 당연히 임금인상이다. 협상과정에서 사장은 고의로 당신을 떠 볼 수도 있다.

'일을 조금 늘린다면 자네가 생각하는 만큼 임금을 올려주겠네!'

이때 당신은 사장의 의견을 단칼에 자르지 말고 고려해야 한다. 이유는 간단하다. 당신의 목표는 임금 인상이므로 일의 양이 조금 더 늘어난다고 해도 임금은 그보다 더 늘어나기 때문이다. 합리적이지 않은가? 게다가 당신은 협상의 최종목표를 달성하게 된다. 최종목표를 이루기 위해서는 때로는 상황에 따라 다른 여건들은 조정해야 한다.

이쯤에서 협상의 정의부터 새롭게 내려 보도록 하자. 과연 협상의 기본 정의는 무엇일까?

다른 사람의 손에 당신이 원하는 물건이 있다. 그의 손에 당신이 필요로 하는 돈이나 상품, 원재료가 있고, 당신은 그 물건들을 당신이 가진 것과 바꾸려고 하고 있거나, 반대로 당신이 가지고 있는 것을 다른 사람이 필요로 할 때가 바로 협상이 필요한 시기이다. 간단히 말하면 다른 사람이 갖고 있는 것을 당신이 필요로 하거나, 당신이 갖고 있는 것을 다른 사람이 필요로 할 때 협상의 가능성이 생긴다. 만약 상대방의 것을 당신이 별로 필요로 하지 않거나 당신이 갖고 있는 것에 상대방이 관심이 없다면 두 사람 간에 협상의 필요성은 존재하지 않게 된다.

많은 사람들이 협상에서 파는 쪽이 언제나 약간은 손해 본다고 여기는데, 그것은 제시한 물건 가격은 언제나 깎이기 마련이라고 생각하기 때문이다. 하지만 반드시 그런 것은 아니다. 손님이 당신의 컴퓨터 상점에 들어와 노트북을 사려고 할 때 그는 어떤 상황일까? 컴퓨터 구입에 대한 스트레스가 있을 것이다. 아이가 학교에 들어가거나 회사에서 필요해 급하게 노트북을 장만해야 할 수도 있다. 때문에 협상하는 쌍방이 나름대로 조급한 상황에 처하게 되는 것이지, 나만 조급하고 상대방은 그렇지 않다는 생각은 하지 말라. 기억할 것은 사는 사람이나 파는 사람 모두 각자의 스트레스와 부담이 있다는 것이다. 그렇지 않다면 상대방이 이 협상에 기꺼이 임할 이유가 없다.

협상에 임할 때에는 협상의 포인트가 어디에 있는지 기억해야 한다. 당신의 기대치와 상대방의 기대치를 어떻게 근사치로 조절할지가 바로 협상의 예술이다. 모든 사람들은 협상에 임할 때 자신만의 기대치를 갖고 있다. 이 물건을 나는 5만 달러에 사고 싶고, 상대방은 5만 5천 달러에 팔길 원한다면 그것이 바로 쌍방의 기대치이다. 쌍방 모두 만족시키는 결과를 얻고자 하는 마음만 있다면 준비는 그것으로 충분하고, 그것에 따라 협상과정에서 상대방의 이견과 상황에 따라 융통성 있게 대처하면 된다.

협상은 누구나 배울 수 있는 것이다. 협상이 매우 어렵고 힘든 일이라고 미리 겁먹을 필요는 없다. 단지 약간의 기본적 기교만 배우면 된다.

협상의 첫 번째는 목표를 명확히 세우는 것이다.

두 번째, 협상과정에서 가능한 많은 선택의 기회를 제공해야 한다. 단한 가지 방안만을 가지고 협상에 임한다면, 상대방의 상황에 따라 융통성 있게 대처할 수 없으니 좋은 결과를 얻기 어렵다. 따라서 당신에게 유리한 다양한 선택 방안을 상대방에게 제공해야 한다.

세 번째, 충분한 준비를 해야 한다.

네 번째, 상대방과 끊임없이 교류해야 한다. 협상에서 실패하는 사람들을 보면, 대부분 자신의 입장만 생각하느라 상대방이 무엇을 원하는지 이해하려고 하지 않고 가격만 세세하게 따진다. 하지만 실상은 그렇지 않다. 많은 상황에서 상대방이 관심을 갖는 것은 가격 문제가 아니라 그것의 가치인 경우가 많다.

예를 들어보자. 어떤 사람이 와서, '이 주사 한 방만 맞으면 어떤 경우에도 사스(SARS)에 걸리지 않는다.'고 말했다. 그의 말이 사실이라면 이 주사가 아무리 비싸도 대부분 맞을 것이다. 영원히 사스에 걸리지 않는다는 것이 바로 당신이 필요로 하는 가치이기 때문이다.

다섯 번째, 우선 할 것과 차선으로 할 것을 명확히 구분하라.

우선과 차선은 주^(主)목표와 차^(次)목표를 말한다. 협상과정에서 주목표에만 영향을 주지 않는다면 일정 범위 내에서 충분히 선택하고 양보할 수 있다. 때문에 협상 전에 어떤 부분은 양보가 가능하고 어떤 부분은 타협이 가능한지 확실히 준비해야 한다. 전체 협상과정에서 어떤 타협도 양보도 거부한다면 그것은 협상이 아니라 명령이 된다. 그런 협상은 시작 자체가 불가능한 것이다.

협상 전에 먼저 준비해야 할 것들을 다시 정리해 보자.

1. 가장 먼저 무엇을 얻을 것인지 목표를 써라.

2. 조건을 정리해서 써라.

3. 조건을 말할 때 어떤 것은 명확히 요구하고, 어떤 것은 양보할 수 있는지 우선순위를 정하라. 먼저 요구한 뒤에 받아들여지지 않으면 양보할 수 있어야 한다. 즉, 요구할 조건만 준비하지 말고 양보할 부분도 미리 준비해 놓고 마음속으로 양보할 것과 견지할 것을 생각하며 수를 두어야 한다.

때로는 협상의 대상이 무형인 경우가 있다. 직접 눈으로 보지 못하기 때문에 당신은 그 무형의 대상물에 대해 정의를 내리고 구체적인 설명을 해야만 한다. 예를 들어 당신이 비만관리 상품을 판다면, 협상 중에 고객에게 이렇게 말할 것이다.

'우리 상품에 가입하시면 매주 2회 이곳에서 몸매 관리 프로그램을 실시하고, 우리 상담사와 영양사가 매주 한차례씩 당신에게 전화를 걸어 당신의 상황을 점검하고 적절한 처방을 내릴 것입니다.'

이렇게 보이지 않는 서비스를 팔 경우에는 고객은 그것에 대해 완벽하게 이해하기 어렵다. 때문에 그것에 대해 정확하고 분명하게 구체적으로 설명을 해야 한다. 그 다음 고객의 영양상태, 건강, 음식습관, 운동량을 체크할 수 있는 계획표를 보여주고 그에게 신뢰를 심어주는 것이다.

협상에 임하려는 마음이 있다는 것은 그 사항에 대해 토론할 여지가 있음을 보여주는 것이다. 토론의 여지가 전혀 없다면 과연 무엇을 이야기할 수 있겠으며, 그런 상황에 무슨 협상이 필요하겠는가. 그리고 협상은 쌍방 모두 받아들일 수 있는 좋은 결과를 얻기 위해서라는 것을 알아야 한다. 만약 당신이 오직 자신의 입장만 생각하고 상대방을 배려하지 않는다면, 협상은 분명 실패로 돌아가고 말 것이다. 상대방이, '저 사람은 정말 자기 입장밖에 모르는군.'이라고 여기면, 그는 이 협상에서 가장 기본적인 이익조차 보장받지 못할지도 모른다고 생각할 것이다. 그런 상황에서 그가 무엇을 이야기하고 무엇을 협상하겠는가.

이제 당신은 앞에서 말한 것과 같이 목표를 정했고, 주목표와 차목표도 정했다. 그리고 어느 것을 양보하고 어느 것을 지켜낼지도 정했다. 그렇다면 당신은 이제, '이 협상에 충분히 이야기할 공간이 있고 성실하게 임할 것이다.'라는 태도를 보여주어야 한다. 그 후 전체 협상 과정 속에서 끊임없이 상대방의 요구를 파악하고, '이 협상의 결과는 분명 당신과 우리 모두에게 좋은 결과를 가져올 것이다.'라는 믿음을 그에게 심어주어라. 이런 협상이 좋은 시작과 좋은 결말을 가져온다.

협상에는 여러 종류가 있다. 간단히 정리해 보면,

첫 번째, 내부 협상

기업에서는 일상 관리 속에서 내부간의 문제나 직원들 간의 문제, 일과 임금, 작업 환경, 고용에 관한 문제 등 여러 가지 문제들이 발생한다. 이런 문제들은 사장과 직원 또는 동료 간의 협상을 필요로 하는데, 이런 것들을 내부 협상이라 한다.

두 번째, 비즈니스 협상

비즈니스 협상은 대부분 기업 밖에서 회사 간에 이루어진다. 이런 협상은 대부분 계약조건, 투자 조건이나 상품수량, 상품가격문제가 다루어지고, 보통은 회사의 사장들 간이나 투자자, 고객 사이에서 이루어진다.

세 번째, 법률 협상

자신의 권리보호를 위해 또는 상표권 문제, 저작권 문제로 법률 관련 협상을 할 때가 있다. 이런 협상은 대부분 법률에 근거해 법률의 보호를 받는 것이다.

이처럼 작게는 가정부터 크게 나라에 이르기까지 어디서나 협상이 이루어지고 있다. 때로는 조정위원회나 중재위원회가 개입해 필요한 중재를 하기도 하고, 때로는 법원에 가서 공증을 하기도 한다. 심지어 정부기관을 상대로 이런 협상을 벌일 수도 있다.

얼마 전 벌어진 6개국 정상 회담에서 북한의 핵무기에 관한 각국의 입장을 가지고 회담을 벌인 것은 나라와 나라간의 협상이다.

협상을 두려워하지 마라.

미국의 대통령 케네디는 이런 말을 했다.

'두려워서 협상을 해서는 안 된다. 하지만 협상을 두려워해서도 안 된다.'

협상에 있어서 가장 선행되어야 할 것은 협상하는 것을 두려워해서는 안 된다는 것이다. 직원들은 사장과 임금에 대해 이야기하는 것을 꺼려하고, 사장 역시 일 못하는 직원을 해고하고 싶지만 감히 이야기하지 못한다. 아마 많은 사람들이 이런 경험이 있을 것이다. 사실 그렇게 걱정하고 두려워할 필요가 없다. 당신이 실제로 말을 꺼냈을 때 당신이 걱정한 만큼 그렇게 심각하거나 낭패를 볼 만큼 심각한 상황은 일어나지 않을 것이고, 심지어 그렇게 말을 꺼냄으로써 모두가 훨씬 좋아질 수도 있다. 당신의 임금은 오를 것이고, 사장 역시 합당한 이유를 가지고 직원에게 다른 임무를 부여할 수 있을 것이다. 설령 사장이 직원을 해고한다 하더라도 그 직원이 오히려 자신에게 더 맞는 자리를 찾을 수도 있다.

당신이 정말 협상에 자신이 없고, 협상에 적합한 사람이 아니라 해도 상관없다. 에이전시를 통하거나 전문가를 청해 대신 협상을 해도 된다. 협상에서 당신을 대신해 협상한 사람이 회사에 20%의 이익을 주었다면 당신은 그에게 협상비를 주면 된다. 협상으로 벌어들인 이익의 5~10%면 족하다. 2만 달러를 벌어들인 협상의 대가로 500달러나 1,000달러를 준다면 분명 남는 장사이다.

협상에 있어서 가장 우선되어야 할 것은 협상을 두려워하지 않는 것이지만, 당신이 정말 협상에 자신이 없다면 전문가의 도움을 받으면 된다. 현대 사회에서 에이전시의 역할은 날로 중요해지고 있다. 물건을 사러 갈 때나 어디를 갈 때 또는 고객이 당신 공장에 찾아와 협상을 할 때 많은 사람들이 변호사나 회계사와 함께 온다. 이들은 함께 온 것만으로 고객의 이미지를 높여주고, 협상에서 그에게 이익을 줄 수 있는 가능성을 높여주는 의미에서는 대리인의 역할도 하는 것이다.

다음은 협상의 5단계 과정을 정리해 놓은 것이다.

1. 준비 : 협상의 내용과 필요한 요구, 포기할 조건 등을 치밀하게 준비한다.

2. 제안 : 협상을 시작할 때 고객에게 제안을 한다. 이때 당신에게 유리한 방안으로 적어도 2~3개 이상의 안을 준비해야 한다.

3. 토론 : 제안 과정 속에서 어떤 방안으로 할 것인지 정해 그것으로 토론한다.

4. 가격협상 : 토론 후에 가격협상 과정을 거친다. 당신과 토론했다고 해서 상대방이 당신이 제시한 조건을 그대로 받아들이는 일은

없다.

5. 협상 완료

앞에서도 말했듯이 제안 과정 중에서 주목표와 차목표를 명확히 한다. 차목표는 양보할 수 있지만 주목표는 보통 양보할 수 없는 부분이다. 주목표와 차목표를 분명히 정했다면, 협상에서 당신은 주된 것과 부차적인 것을 분명하게 가려 논리정연하게 말할 수 있을 것이다.

예 >>

필자는 최근에 협상을 하나 진행했다. 상대방은 텔레비전 쇼핑채널로, 그들은 우리 회사의 교과과정과 관련된 자료를 방송 시 하단에 자막으로 광고를 해주겠다는 제안을 해왔다. 이 협상에서 나의 가장 중요한 목표는 우리 회사의 교과과정을 그 방송에 광고를 하는 것이다. 수많은 시청자들이 TV를 시청할 것이고, 이 매체의 시청률은 상당히 높아서, 만약 방송이 된다면 우리 교과과정에 대해 관심이 늘어날 것이고, 영향력도 커질 것이 분명했다.

그렇다면 이 전체 협상과정에서 가격이 가장 중요한 요인일까? 그렇지 않다. 이런 방송 관련 비용은 대단히 탄력적이다. 이럴 경우 우리가 방송에 내보내는 내용은 지적재산권이라 할 수 있는데, 지적재산권에 대한 가격을 높게 부를 필요는 없다. 우리의 주목표가 정해진 이상 가격 방면에서는 조절이 가능하다. 우리의 교육 과정을 상대방에 제공할 경우 그들도 도움을 받지만, 우리 역시 안정적인 플랫폼을 제공받기 때문에 쌍방에게 모두 도움이 되는 것이다. 따라서 협상과정에서 방송에 내

보낸다는 우리의 주목표가 확실하기 때문에, 지적재산권이나 기타 부분에 있어서는 조정과 타협이 가능했다. 3시간에 걸친 협상 끝에 우리는 주목표를 달성했다. 이유는 간단하다. 우리가 지적재산권에 관한 비용을 낮추자 그들 방송국에 있어서는 제작비용을 낮추게 되고, 그 절약한 예산을 시간을 더 확보하거나 하는 곳에 쓸 수 있으니, 그들 상품이나 우리 상품이나 모두 훨씬 더 많은 광고효과를 얻을 수 있기 때문이다.

이런 생각을 잊고 오로지 금전적 절약만 강조한다면, 한 푼도 쓰지 않고 광고를 하더라도 결국은 한 푼도 벌지 못하고 말 것이다.

그렇기 때문에 어떤 상황에서도 주목표를 잊어서는 안 된다. 또한 협상과정에서 상황에 따라 융통성 있고 능동적으로 대처해야 한다. 융통성은 유약한 것이 아니라 힘이다.

'지금까지 그렇게 강하게 요구했던 것을 그렇게 금방 포기합니까?'라고 묻지만 실상은 그렇지 않다. 어떤 상황에서 양보가 가능한 부분은 원래부터 그렇게 하기로 한 전략의 한부분일 뿐이다. 협상에 임하면서 절대로 포기 못할 주목표는 어떤 상황에서도 끝까지 견지해야겠지만, 나머지는 상황에 따라 포기할 수도 있어야 한다.

무엇을 포기하고 무엇을 얻어낼지 명확하게 한 후에 협상 목표를 정해야 한다. 어떤 형식의 협상에서도 목표는 분명하게 세우고, 그 안에서 무엇을 얻을지 치밀하게 준비해두면 협상과정에서 당신의 모든 말과 행동의 근거가 되어준다.

한 가지 더 덧붙이자면, 간단한 말 한마디로 당신이 이루고자 하는 목표를 표현할 수 있어야 한다. 앞의 방송 관련 협상에서 우리가 원한 것은 방송에 나가는 것이었고, 상대방은 반드시 많은 돈을 벌어야 한다고 요구했다. 때문에 나는 나의 목표를 이루기 위해 한마디 말로 표현해 설명했다. 우리는 이 일이 가져오는 영향력을 강조했고, 이를 통해 커다란 이윤을 얻을 수 있을 것이라는 말을 끊임없이 반복했다. 이 말을 반복적으로 한 이유는 이 말 자체가 상대방에게 목표를 달성한 이후 분명 영향력이 클 것이고, 후에 커다란 이윤을 창출할 수 있다는 것을 일깨워주기 때문이었다. 게다가 이렇게 간단한 말을 반복할 경우 힘을 갖게 되고 상대방은 쉽게 이해할 수 있다.

예 ≫

집을 팔려고 한다. 최종 목표는 상대방이 이 집을 사게 만드는 것이다. 집을 사는 목표를 당신 입장에서 생각해 상대방에게 한마디로 설명한다면 이렇게 말할 수 있을 것이다.

'집은 당신의 신분을 상징하는 것이고 생활의 품위를 말해주는 것이니, 당신 같은 사장님이 선택하고 누려야할 것이 바로 이 집에서의 생활입니다.'

그리고 이런 말은 자신의 목표를 이룸과 동시에 상대방도 기분 좋게 만들어준다.

따라서 협상에 임할 때 모든 것들을 분명히 파악하고, 그 목표를 간단한 말로 표현함으로써 상대방을 움직일 수 있어야 한다. 이 목표는 이런 말로 움직이고, 저 목표는 저런 말로 상대를 끌어야 협상은 순조롭게 이루어진다.

　협상의 과정에서 마지막은 사실 감정 문제이다. 그의 감정이 움직이고 감정적으로 이해되면 그 다음은 일사천리이다. 그의 감정이 움직이지 않는다면 절대로 협상에 긍정적으로 임하지 않는다.

　가격은 아주 중요한 부분이다. 특히 파는 사람 입장에서 가장 중요한 것은 첫 번째는 가격, 두 번째는 시간, 세 번째는 품질, 네 번째는 수량이다. 이유는 간단하다. 협상에서 얻어지는 모든 이익은 순이익이기 때문이다.

　판매가의 10%를 양보했다면, 이익이 0이 되는 경우도 있다. 100달러짜리 상품의 원가가 90달러라면 그 물건을 팔면 10달러의 순이익을 남기는 것이지만, 협상 후에 90달러에 팔게 된다면 결국 이익은 0이 된다. 때문에 협상에서 파는 쪽은 무슨 수를 써서라도 자신의 물건 가치를 높이려고 한다.

　가격도 중요하지만 시간도 아주 중요하다. 현대 시대는 속도의 시대이고 시간은 금과 같아서 사람들은 가능하면 짧은 시간 내에 많은 비즈니스를 성사시키려 한다. 지금 당신이 상하이에 살고 있다고 하자. 20년 전에는 1,000만원이면 상하이에서 집 한 채는 충분히 살 수 있었을 것이다. 하지만 지금 그 돈으로는 고작 황포강변 초호화 아파트 안 화장실에 있는, 이태리산 대리석으로 만든 최고급 양변기 정도나 살 수 있을 것이다. 그 1,000만원은 너무 늦게 투자되었고, 이제 그 가치는 한참 떨어져 버렸다.

시간 외에 품질도 아주 중요하다. 물론 제조업체들은 짧은 시간에 보다 많은 물건을 생산하는 것에 역점을 두겠지만, 구매자 입장에서는 품질이 더 중요하다. 싸구려 상품을 사서 집으로 돌아와 보니 제대로 작동이 되지 않거나 사용하기 매우 불편했던 경험이 있을 것이다. 이때 우리의 손실은 아주 크다. 비록 얼마 안 되는 돈을 썼지만 쓰지도 못할 물건을 샀으니 안 사느니만 못하다. 때문에 구매자는 물건을 살 때 제일 먼저 고려하는 것은 품질이고, 그 다음이 가격의 합리성이며, 마지막이 충분한 수량을 제때에 공급받을 수 있는가 하는 문제이다.

당신이 중시하는 것이 가격이고, 상대방이 원하는 것이 품질이라면, 당신이 해야 할 가장 큰 일은 상대방에게 가장 좋은 품질의 상품을 제공하면서 당신 역시 가장 좋은 가격을 얻을 수 있도록 하는 것이다. 이는 각자 필요한 부분을 취하는 것으로, 협상 성공의 관건이다.

주목표와 차목표를 구분할 때 목표를 세 종류로 나눌 수 있다.

첫째, 어느 것이 당신이 이상 속에서 가장 먼저 달성해야할 목표인가?

둘째, 어느 것이 실현 가능한 목표인가?

물건을 살 때는 물론 공짜로 사는 것이 가장 좋겠지만 현실적으로 실현 불가능한 일이다. 반면 실현가능성 있는 목표는 조금이라도 가격을 낮추는 것이다.

셋째, 성공적인 협상을 위해 포기할 수 없는 목표는 어떤 것인가?

협상 막바지에 판이 틀어지거나 서로 얼굴을 붉히지 않기 위해서는 협상과정에서 조금씩 양보가 필요하다. 물론 이 양보할 부분은 미리 계획된 것이다.

따라서,

1. 이상적인 목표,

2. 실현가능한 목표,

3. 반드시 이루어야 할 목표, 이 세 가지를 협상 테이블에 앉기 전에 유념하고, 실제 목표에 맞지 않는 것들은 과감히 삭제해야 한다.

협상 전에 어떤 것들이 실제 목표에 맞지 않는 것인지를 확실히 파악해야 하는데, 간단히 말하면 필요한 것과 갖고 싶은 것이 무엇인가 하는 것으로 구분할 수 있다. 사람들은 보통 필요한 것보다 갖고 싶은 것이 훨씬 더 많다. 이처럼 갖고 싶은 것은 실제 목표에 부합되지 않는 것이다. 실제 목표는 오직 지금 꼭 필요한 것들이어야 한다.

쇼핑을 하기 전 당신의 예산은 10만원이었다. 그런데 막상 백화점에 가보니 '5만원 이상 구입하면 현금 1만원을 돌려준다'는 세일광고가 붙어있다. 이럴 때 대부분은 5만원 어치 쇼핑을 하고 1만원을 벌었다고 생각할 것이다. 하지만 실제로는 4만원의 손실이 생긴 것이다. 때로는 갖고 싶은 물건을 얻기 위해, 원래는 잃어서는 안 되는 많은 것들을 잃는 경우가 생긴다.

초호화 별장 광고가 당신의 마음을 끌었다. 그곳에 살면 광고대로 정말 유명인사가 될 것 같고, 기업체 사장이나 유명 인사들을 이웃으로 두게 된다. 당신은 그 별장이 너무 갖고 싶고, 그 럭셔리한 감정을 느끼고 싶다. 결국 당신은 15억을 들여 그 집을 샀다. 그러나 미안하게도 그 15억 안에 대출금이 8억원이라 매달 물어야 할 이자도 수백만 원이다. 게다가 수준에 맞게 인테리어를 하느라 수천만 원을 들였다. 당신이 갖고 있던 모든 돈과 융자까지 얻어 그 집을 샀지만, 그 집은 당신에게 행복을 주지 못한다. 마지막에 당신이 깨닫게 되는 것은, 당신은 '그 호화로운 고급 빌라촌에 사는 가난뱅이'란 것이다.

만약 같은 돈으로 다른 지역에 집을 샀다면 당신은 전혀 다른 가치를 창조해 냈을 것이다. 15억이면 적당한 곳에 넓고 좋은 집을 살 수 있고, 최고급 인테리어도 할 수 있고, 차도 한 대 살 수 있고, 어쩌면 이후 몇 년간 해외여행 자금도 마련됐을지도 모른다. 그러나 당신은 현실에 맞지 않는 목표 때문에, 원래는 아주 쉽게 이룰 수 있는 목표를 달성할 수 있는 기회를 잃어버리고 말았다. 집, 저축, 차, 해외여행 경비….

매일 매일 당신의 경쟁상대, 당신의 거래처, 텔레비전 광고에서 너무나 많은 물건들이 온갖 방법을 동원해 당신의 감각을 자극하고 구매 욕구를 불러일으킨다. 텔레비전을 보다가, "우와! 정말 키가 컸네요! 놀랍지 않습니까? 이 모든 변화가 단 2주일 만에…." 쇼 호스트의 유혹적인 목소리를 듣다보면 어느새 당신도 더 크고 싶은 욕망이 생긴다. 당신 키는 178cm로 전혀 필요가 없는데도 말이다. 모든 방송 매체는 우리에게 말한다.

'만약 당신이 우리 물건을 사용한다면…, 이렇게 놀라운 변화를 겪게

될 것입니다!'

이런 유혹을 이기려면 스스로가 무엇이 진짜 필요한 것인지 확실히 알고 있어야 한다.

협상에서도 마찬가지로, 무조건 다 얻어야 한다는 생각은 버려야 한다. 우선 실제적인 목표에 맞지 않는 것은 다 제쳐두어야 한다. 광고와 미사여구를 동원한 말에 끌리거나 흔들리지 말고 진짜 필요한 것이 무엇인지 확실히 해 두어야 한다. 그것만 정확히 하면 당신 주머니에서 쓸데 없이 돈이 새어나가지는 않을 것이다.

모든 백화점이나 판매자들은 마치 자동 현금 흡수기를 가지고 다니기라도 하듯 당신의 주머니에서 돈을 빨아들인다. 당신도 마찬가지로 상대방의 것을 빨아들여야한다. 그 방법은 간단하다. 원하는 협상 전에 자신의 주목표와 차목표를 적고, 실제 상황과 맞지 않는 목표는 과감히 버리고 목표를 명확하게 하면 된다.

02 정보 수집을 통해 전략을 선택하라

협상에 임하기 전에 갖고 있는 정보가 많을수록 협상은 수월하게 진행되고 좋은 결과를 얻을 수 있다. 상대방에 대해 많이 이해할수록 성공의 기회도 많아진다. 이처럼 협상에 있어서 정보는 절대적으로 중요하기 때문에, 협상 전에 협상 관련 자료를 치밀하게 연구하고 준비해야 한다. 협상에서 이뤄야 할 자신의 목표를 명확히 정했다면, 목표를 받쳐줄만한 유용한 정보를 찾고, 동시에 상대방을 무력화하는 데 도움이 될 정보도 수집해야 한다. 즉, 한편으로는 자신에게 유용한 정보를, 또 한편으로는 상대방을 약화시킬 수 있는 정보를 찾는 것이다.

>>

오늘 협상이 하나 있다. 협상 전에 당신은 상대방의 재무상황에 문제가 있어 급하게 이 건물을 매물로 내놓은 사실을 알게 되었다. 상대방은 이 건물을 즉각 매각해 현금을 융통하지 않으면 전체적인 위기에 빠지게 될 것이 분명하다. 이렇게 정확한 정보는, 협상 시 상대방이 제시한 가격보다 훨씬 낮게 요구할 수 있는 확실하고 당당한 근거가 되어준다. 의외로 많은 사람들이 상대방에 대해 아무런 정보도 없이 협상에 임하는 경우가 많다. 현대는 정보화 사회이다. 집안에 앉아서도 쉽게 많은 정보들을 접할 수 있다. 인터넷에서 구글(google)이나 기타 포털사이트를 통해 알고자 하는 회사의 이름만 치면 수만 개의 자료들을 검색할 수 있다. 당신의 이름, 당신의 회사 이름으로 자료를 검색할 수 있듯이 상대방의 정보도 아주 간단하게 얻을 수 있다. 때문에 협상에 임하기 전에 상대방에 대해 얻을 수 있는 모든 정보는 다 파악함과 동시에, 당신에 대한 정보는 상대방이 얻을 수 없도록 보안을 유지해야 한다.

미국 마이크로소프트 본사에서 일본지사의 구매 담당 여직원에게 전화를 걸었다.

"부품이 거의 다 소모되지 않았습니까? 본사 재고를 좀 보낼까요? 그리고 재고 관련 자료도 필요하지 않습니까?"

"아니, 그걸 어떻게…. 정말 그 부품 재고가 거의 바닥났는데…. 대단하시네요."

"우리는 그것뿐만 아니라 오늘 당신이 무슨 옷을 입었는지도 알고 있습니다. 빨간색 옷 입으셨지요?"

물론 이 이야기는 우스갯소리지만, 그들이 그만큼 모든 직원에 대해 빠르고 정확한 정보를 입수하고 있다는 것을 보여주는 이야기이다.

미국 500대 기업의 대부분이 구매 담당자의 명함에는 휴대폰 번호를 명시하지 못하게 규정하고 있다. 타이완이나 베이징에 있는 대기업들도 마찬가지이다.

타이완 세븐 일레븐의 구매를 담당하고 있는 상품부의 책임자는 내 대학교 동창이다. 어느 날 우연히 그를 공항에서 만나 명함을 받았는데 회사전화, 주소만 있고 휴대폰 번호가 없어서 물어보니 회사 규정상 구매 담당자는 어떤 경우에도 생산업체와 사적인 전화를 하거나 사적으로 만날 수 없다고 했다. 이런 관리 시스템은 아주 바람직하다. 회사의 정보 유출을 막기 위해 구매담당자나 관련 부서 직원들의 관리를 엄격하게 하고 있는 것이다.

협상 전에 협상 관련 정보들을 충분히 수집해야 하는 것은 기본이고, 더 중요한 것은 상대방에게 불리한 정보를 적극적으로 수집하는 것이다.

얼마 전 사무실 임대를 했다. 상대방의 제시가격은 32만 타이완달러(약 1,100만원)였지만 협상을 통해 우리의 요구대로 18만 타이완달러에 결정이 되어, 우리는 매달 14만 타이완달러(약 500만원)를 절약하게 되었다. 협상과정에서 가격을 대폭 낮춘 우리의 의견을 상대방이 쉽게 수용한 이유는, 협상 전에 우리가 상대방의 상황을 파악하고 있었기 때문이다. 우리가 임대한 사무실은 17층짜리 건물의 맨 꼭대기 층이었는데, 건물 모양이 위로 갈수록 면적이 작아지는 형태였다. 그런데 층마다 있는 엘리베이터와 화장실 면적은 다 같아서, 결국 전용 면적이 훨씬 적어지는 것이었다. 1층에 있는 사무실은 엘리베이터와 화장실이 차지하는 비중이 10%에 불과하지만 17층의 경우 거의 30%에 달했다. 우리는 평면도와 비례표를 준비해서 협상 시 상대방에게 매 층마다 엘리베이터와 화장실의 비율을 비교해 보여주며 우리의 입장을 설명했다. 또, 수집한 정보에 의하면 17층 사무실은 지금까지 한 번도 임대된 적이 없기 때문에, 매월 은행 이자를 내야 해 경제적 부담이 되고 있다는 것이다. 이런 정보들은 협상에 있어서 아주 중요했다. 이런 정보를 통해 그의 부담을 파악할 수 있어서 자신 있게 협상을 주도해서, 결국 1년을 임대하면서 예상보다 336만 타이완달러(약 1억 2천만원)를 절약할 수 있었던 것이다.

협상 전에 믿을 만한 정보를 충분히 수집해야 협상을 주도적으로 이끌 수 있다. 하지만 때로는 상대방이 일부러 거짓정보를 흘리는 경우도 있는데, 이런 거짓 정보는 정보가 전혀 없는 것보다 훨씬 더 상황을 악화시킨다. 때문에 정보를 수집할 때 거짓정보와 진짜 정보를 확실히 판단해야 한다. 진위 여부에 대한 정확한 판단을 거치지 않은 정보는 무용지물일 뿐만 아니라 잘못된 길로 가게 만들기도 한다.

또 하나, 협상 상대가 회사라면 협상 전에 가능한 수단을 동원해 상대방의 재무상황을 알 수 있는 재무보고서를 입수해야 한다. 누구에게나 경제 상황을 물어보면 대부분 좋다고 하고, 무엇을 물어도 모두 문제없다고 할 것이 분명하므로 이 역시 일종의 거짓 정보가 된다. 재무보고서를 입수해 살펴보면 그 안에 담겨있는 많은 정보들을 찾을 수 있다. 예를 들어 회사 매출액은 큰데 실제 납세액이 적다면 여기서 두 가지 정보를 얻을 수 있다. 탈세를 했거나 아니면 실제 이익이 아주 적을 수도 있다는 것이다. 따라서 어떤 자료를 보더라도 특히 숫자에 있어서는 여러모로 고려해 판단해야 한다.

인터넷 시대, 정보가 넘쳐나는 시대에 살고 있어 상대방의 정보를 쉽게 얻을 수 있듯이, 상대방 역시 나의 정보를 쉽게 얻을 수 있다는 것을 잊지 말아야 한다. 상대방의 정보는 많이 수집하면서 나의 정보가 새어나가지 않도록 해야 한다. 인터넷을 비롯해 도서관, 전자자료 등 편리하고 쉽게 많은 정보들을 접할 수 있고, 게다가 그 모든 것이 무료로 상대방 손에 들어갈 수 있다. 또한 정보 수집을 할 때는 반드시 협상에 유용한 정보만을 걸러서 확보해야 한다. 그리고 정보는 광범위할수록 좋다. 오늘은 무용지물이라도 내일은 유용한 정보가 될 수 있기 때문이다.

협상은 마치 토론회에 참가하는 것과 같다. 토론회는 보통 주제를 옹호하는 편과 반대편이 있다. 자신이 옹호편이라 하더라도 자신의 논점은 물론 반대편의 논점에 대해서도 준비를 해야 하고, 말하는 톤과 몸짓 등 모든 스킬과 상대방의 예상 질문에 대해서도 미리 완벽한 답을 준비해야 한다. 협상도 이와 마찬가지로 모든 가능한 답을 미리 준비한 다음에 협상 테이블에 앉아야 한다. 또한 협상 대상 기업과 협상 상대에 대해서도 충분히 숙지해야 협상에서 차분하게 대처할 수 있다. 예를 들어, 당신의 협상 상대가 자기 의견과 맞지 않으면 잠시 자리를 비웠다가 돌아오는 행동을 여러 번 반복한다면, 그것은 당신을 당황하게 만들려고 하는 전술이니 당황하거나 조급해 할 필요가 없다. 뒤에 협상의 기술 부분에서 다루겠지만, 이것도 협상 기교 중 하나일 뿐이다.

이어서 상대방의 실력을 평가해야 한다. 협상은 공통의 인식을 이루기 위한 과정이며, 타협의 과정이다. 상대방의 실력을 정확히 평가한 후에야 그가 제안한 조건이 정말 근거가 있는지 논리성이 있는지 판단할 수 있다. 도덕적 관점에서도 그가 제안한 조건을 무리 없이 받아들일 수 있는 것인지, 그들의 협상 기술이 괜찮은지, 이렇게 상대가 가장 강한 부분이 어디인지 알고 나서 협상에 임한다면 유효한 판단을 내릴 수 있고, 마지막에 좋은 결과를 얻을 수 있다.

협상에서 자신의 목표가 무엇인지 확실히 정립하는 것도 중요하지만, 상대방이 얻고자 하는 목표가 무엇인지도 알아야 한다. 이 부분은 대단히 중요하다. 상대방의 목표를 예측할 때 3가지 단계로 나눠 예측해야 한다.

첫째, 최우선목표

이 등급은 상대방이 반드시 달성해야 할 목표로, 절대 포기할 수 없는 목표이다.

둘째, 최대목표

이 목표는 상대방이 이루기를 바라는 목표로, 꿈의 일부여서 반드시 이룰 수 있는 것은 아니다.

셋째, 희망목표

상대방이 이 목표를 달성한다면 아마 스스로 대단히 만족하고 행운아라고 생각할 것이다. 이 말의 의미는 이 목표는 반드시 달성해야겠다고, 또는 달성할 수 있다고 기대하지 않은 목표라는 것이다.

상대방의 3등급 목표를 파악한 다음에 해야 할 일은 상대방이 최우선목표를 달성할 수 있도록 협조하는 것이다. 이 목표는 그가 반드시 달성해야 하는 것이므로, 만약 이루지 못한다면 이 협상은 그에게 만족을 주지 못할 것이기 때문이다. 최대목표는 최대바램인 만큼 그가 계속 희망을 지닐 수 있게만 해라. 절대로 이룰 수 있을 것이라는 헛된 기대를 주어서는 안 된다. 마지막 희망목표는 절대로 상대가 이룰 수 있게 해서는 안 된다. 그 목표는 상대방도 이룰 수 있으면 대단한 행운이라고 여기는 것인데, 절대로 그것을 이루게 해주면 안 된다.

당신이 해야 할 것은 상대가 최우선목표를 달성하는 데 협조하는 것으로, 상대가 진정 원하는 것을 얻게 해준다면 적어도 자신이 실패했다고는 생각지 않을 것이고, 그런 후에야 당신이 필요한 것들을 줄 것이다.

상대방의 정보를 수집해야 상대방을 이해할 수 있고, 협상스타일을 이해하고 약점을 분석할 수 있다. 예를 들어 쉽게 화내고 쉽게 흥분하는 다혈질의 사람이 있다. 이런 사람은 협상에서도 쉽게 감정적이 되고 쉽게 폭발한다. 감정이 폭발하면 어느새 예상치 못한 실수를 하고, 체면 때문에 무엇이든 'OK'하고 답하는 사람이 있다. 여러분들도 이런 유형의 사람을 본 적이 있을 것이다. 감정이 폭발한 뒤에 반응이 그렇다는 것을 알았다면 협상에서 가능하면 그를 자극하는 전술을 쓰는 것은 당연하다. 또 칭찬하는 말을 유난히 듣기 좋아하는 사람들이 있다. 이런 사람들에게는 일이나 인간성에 관해 끊임없이 칭찬해주고 감탄해주면 무엇이든 'OK' 하며 받아들일 가능성이 많다. 따라서 협상 상대가 어떤 상황에서 쉽게 감성적이 되어 비이성적인 결정을 내리는지를 알아둔다면, 그런 상황이 오거나 그런 상황을 만들어버리면 협상에서 당신이 얻고자 하는 것을 쉽게 얻을 수 있을 것이다.

상대방과의 협상에서 그의 말투나 표현을 보고 당신이 예측한 것이나 세웠던 가설이 맞는 지 확인하는 것도 중요하다. 당신은 상대방이 쉽게 흥분하는 사람이라 생각했는데, 막상 협상을 해보니 그는 대단히 냉정하고 이성적인 사람인 것을 알게 됐다면, 당장 상황에 맞게 전술을 조절한 후에 다시 협상을 이어가야 한다.

협상 회의를 할 때, 지난번 회의에서 균형점을 찾았다고 해서 이번 회의에서도 마찬가지일거라고 생각해서는 안 된다. 지난번에 얻은 성과물과 이번에 얻을 성과물은 다르다. 상대방이 새로운 전술로 무장해 더 강한 모습을 보일 수도 있고, 취약한 부분을 드러낼 수도 있기 때문이다. 따라서 협상과정에서 상대방의 변화를 유심히 관찰하고, 강점과 약점도 면밀히 파악해 대처해야 한다.

다음으로 시간적 부담에 대해 이야기해보자. 시간에 대한 부담은 쌍방의 입장이 다를 수 있다. 지난 번 회의에서 여유를 보였던 상대방이 이번에는 조급해할 수도 있고, 그럴 때마다 상대방의 조건도 달라진다.

결혼을 앞둔 예비부부가 웨딩 사진 촬영을 위해 스튜디오를 찾아왔다. 여러 번 방문했지만 결정을 내리지 못했다. 웨딩 스튜디오가 워낙 많아서 서로 경쟁하다보니 너도 나도 좋은 조건으로 유혹했고, 두 사람은 전혀 조급해하지 않고 천천히 비교하며 결정을 늦췄다. 그런데 얼마 후에는 갑자기 이 두 사람이 조급해하기 시작했다. 신부될 사람의 배가 점점 불러오기 시작해 시간에 쫓기게 된 것이다. 시간이 지날수록 배가 불러오고, 배가 불러오면 사진을 찍어도 예쁘게 나오기 어렵기 때문에 시간적 부담으로 상황이 달라진 것이다. 이처럼 상황은 매번 다르고 언제든 달라질 수 있으므로, 새로운 상황에 대해 이해하는 것이 중요하다. 매번 다른 협상마다 거기에 맞는 준비를 해야 한다.

정보를 수집할 때 또 중요한 점은 상대방과의 공통점을 찾는 것이다. 협상은 함께 이룰 수 있는 공통분모와 타협할 수 있는 부분을 찾아가는 과정이다. 따라서 상대방이 양보할 수 있는 부분과 얻고자 하는 목표가 무엇인지 안다면 협상은 순조롭게 진행될 것이다. 그러므로 정보를 수집할 때 쌍방이 모두 받아들일 수 있는 공통지점을 찾기 위해 끊임없이 노력해야 하는 것이다.

공통지점을 확인했다면 거기에 따라 전술을 선택해야 한다. 목표를 명확히 하고 상대방의 얻고자 하는 목표도 분석한 후, 당신이 이루고자 하는 목표 달성을 위한 구체적인 계획과 전략을 짜는 것 또한 잊어서는 안 된다.

협상과정에서 주의해야 할 사항은 감정을 잘 컨트롤해야 한다는 것이다. 쉽게 흥분하거나 화를 내고 쉽게 절망하거나 포기해서는 안 된다. 협상 초기에는 모든 조건들이 불만족스러울 수밖에 없는데, 이런 상황에서 많은 사람들이 실망과 좌절을 한다. 이런 감정 상태에 빠지면 이후의 협상은 제대로 진행될 수가 없다. 화를 내거나 실망하거나 하는 감정 조절이 안 되면 절대로 이성적인 사고를 할 수가 없고, 이성적인 사고를 할 수 없다면 협상의 결과는 불 보듯 뻔하다.

협상에 임할 때 각자의 역할을 구분해 맡은 바 책임을 다하면 모든 것이 순조롭게 흘러간다.

첫째로 필요한 것은 협상팀이다. 협상은 1인 협상도 있지만 보통 여러 명이 함께 참가하고, 설령 혼자 참석한다 해도 후방에서 지원하는 사람들이 분명 있을 것이다. 한 사람의 힘은 미약하기 때문에 다른 사람들의 도움과 지원이 필요하고, 만약 상대방이 당신이 유일한 결정권자이고 유일한 협상 참가자라는 것을 안다면, 모든 공격은 당신에게 집중될 것이다. 따라서 혼자가 아니라 팀이라는 소속감을 느낄 수 있는 단위가 필요하고, 그들과 함께 협상의 준비와 참여는 물론 결정에서도 함께 할 수 있다.

둘째, 좋은 역할을 할 사람. 협상과정에서 이런 역할을 하는 사람은 꼭 한명씩 있기 마련이다. 상대방에서는 어떤 사람이 이 역할을 하고 있는지 파악해야 한다. 협상에서 자주 쓰는 '두 얼굴 전략 – 좋은 얼굴, 나쁜 얼굴'이 있는데, 보통 이 좋은 얼굴 역할을 맡은 사람은 언제나 상대방의 의견에 동조하고 이해하는 입장에서 이야기하고, 심지어는 자신들이 계속 주장했던 조건을 미약하나마 포기까지도 한다. 이런 사람을 만나면 마치 내 편 같고 나를 도와주는 것 같아서 안전함을 느껴 방심하게 된다. '저 사람만 있으면 문제없어. 무엇이든 좋게 풀어갈 것 같은데….' 이렇게 생각할 것이다. 하지만 이 좋은 사람은 당신의 경계심을 풀기 위해 미리 준비된 사람으로, 전술 중 하나일 뿐이라는 것을 잊어서는 안 된다.

셋째, 나쁜 역할을 할 사람. 앞의 좋은 역할을 하는 사람과 상반된 역할을 맡는다. 그의 임무는 상대방이 '저 사람만 없다면 이 협상은 쉬울 텐데….'라는 느낌을 갖게 만드는 것이다. 계속 부정적인 의견을 내놓고, 논점과 관점에 반박하고, 조건을 까다롭게 말하고 심지어 협상의 진행을 멈추게도 한다. 상대방을 위협하고 약점을 낱낱이 들춰내는 등 각종 악역을 도맡아 한다. 좋은 역할을 맡은 사람이, '당신의 재무상황은 문제가 많은 것 같습니다.'라는 말을 할 수는 없지 않은가? 나쁜 역할을 하는 사람은 가장 민감하고 핵심적인 문제에 총대를 메는 사람이다.

넷째, 강경파. 이 강경파의 임무는 모든 사안마다 강경한 입장을 주장하는 것이다. 그는 어떤 상황에서도 목표에서 벗어나는 양보와 타협을 거부한다. 또 이런 강경파의 주장은 상대방 팀원들이 매우 주의 깊게 경청하는 것을 볼 수 있으므로, 당신도 이런 강경파를 준비해야 한다. 그를 통해 시간을 끌거나 다른 사람이 했던 양보도 다시 회수할 수 있다.

'그 조건은 양보할 수 없습니다. 회사 상황이 변했기 때문입니다. 더 이상 이야기하고 싶지 않다면 여기서 끝냅시다.'

이런 강경한 역할은 실제로 협상에서 유리한 상황을 만들어주고, 원래 정한 목표에서 크게 벗어나지 않도록 도와준다.

다섯째, 총괄하는 사람. 총괄자는 협상의 전체 진행과정과 내용을 정리하고, 달성한 협의 사항과 관점을 정리하는 사람이다. 그냥 단순한 정리 전달이 아니라 강하고 힘 있고 설득력 있게 표현함으로써 협상에서 다룬 모든 내용에 힘을 실어주는 역할이다.

앞의 예를 다시 들어보자. 사무실 임대 협상에서 마지막으로 상대방의 이사장과 사장도 모두 참석했고, 우리는 아주 간결하게 결론을 총정리했다.

"우리가 상의한 결과는 임대료를 30% 낮춰야 한다는 것입니다. 그 이유는 17층에 있는 공공시설의 점유율이 30%나 되기 때문입니다. 만약 받아들이지 않는다면 포기하겠습니다. 바로 옆 건물 13층으로 정하면 시간은 좀 걸리지만 우리 입장에서는 훨씬 더 유리한 조건입니다. 우리는 당신들이 17층 사무실을 임대해 재정 압박에서 벗어나길 원한다는 것을 알고 있습니다. 만약 우리가 들어오면 당신들은 경제 부담을 덜 수 있고 우리는 바로 사무실을 쓸 수 있으니, 모두에게 유리한 조건이라고 생각합니다."

이렇게 협상의 과정과 결론을 핵심을 집어서 종합해준다면 설득력은 커진다. 종합할 때는 자신의 입장은 물론 상대방의 입장, 그리고 공동의 이익에 대해서도 다루어야 하고, 상대방에게도 그들의 관점에서 총정리할 수 있는 기회를 주어야 한다.

마지막으로 협상이 계획대로 순조롭게 진행되게 하려면 협상 진행 과정표를 준비하는 것이 좋다. 어떤 의제들을 다룰 것이고, 시간은 어떻게 안배할 것이고, 어떤 단계에서 어떤 목표를 이뤄야 하고…. 이런 것들을 미리 예상해 정리해 두면 협상에서 다뤄야 할 것을 못 다루거나 하는 실수도 줄이고, 필요 없는 의제에 시간 낭비하는 일을 줄일 수 있다.

다시 한 번 정리해 보자.

협상에 임하기 전에 협상 진행 과정표를 준비하고, 상대방에 대한 자료와 정보를 보다 많이 입수해야 한다. 또, 정보는 자신에게 유리한 정보뿐만 아니라 상대방에게 불리한 정보도 함께 수집해야 한다. 또, 협상에 임할 때 각자 맡을 역할을 정해 임무에 따라 충실히 수행해야 성공적인 협상을 이끌 수 있다.

협상은 더 큰 이익, 더 큰 순이익을 창조하기 위해 필요한 일이다. 더 큰 이익을 내기 위해서는 협상 기술을 끊임없이 익히고 실생활에서 연습해야 한다.

협상은 비즈니스에만 필요한 것이 아니다. 생활에서 언제 어느 때든 협상이 필요하다면 임해야 한다. 협상에서 당신의 목표와 상대방의 수요가 완전히 결합할 때가 가장 좋은 협상임을 잊어서는 안 된다.

03 협상에서 우위에 서는 방법

현대는 비즈니스를 하기가 점점 더 어려워지는 상황이라는 것을 분명히 느낄 수 있을 것이다.

그 이유는,

첫째, 과거에는 비즈니스에 있어서 기회가 가장 중요했지만 지금은 자신만의 지혜에 기대야 한다. 과거에는 타이밍이 맞았거나, 적절한 시기에 일을 벌였거나, 먼저 모험을 감행했거나, 첫 시작이었다는 상황만 맞았다면 큰돈을 벌 수 있는 기회를 잡은 행운아들이 많이 있었다. 하지만 지금은 시대가 부여하는 기회는 점점 적어지고 있어 비즈니스는 점점 더 어려워지고 있는 게 현실이다. 게다가 우리의 적수들은 더욱 영리해져서, 모두가 이전보다 훨씬 더 월등해졌다.

둘째, 당신이 상대방에게 무언가를 팔려고 하면, 상대방은 당신이 제시한 가격을 어떻하든 낮추려고 한다. 점점 높아지는 원가가 부담스러운 상대방이 돈을 버는 가장 좋은 방법 중 하나가 바로 당신의 가격을 깎는 것이라고 생각하기 때문이다. 상대방이 당신의 가격을 깎을 수 있으면 그가 부담하는 비용은 적어질 것이고 원가에 대한 부담도 줄어들기 때문이다.

셋째, 물건을 파는 사람이나 사람 모두 협상 기교가 5년, 10년 전보다 훨씬 더 발전했다는 점이다.

한 보험세일즈맨이 고객을 만나기로 했다. 고객은 이 보험세일즈맨을 만나기 전에 이미 수 십 명의 보험 세일즈맨의 방문을 받았기 때문에, 처음에는 이 세일즈맨의 보험 권유를 거절하는 것이 아주 당연한 일이라 생각할 것이다. 고객은 이미 동종업계에 종사하는 수많은 사람들을 만나본 경험이 있는데 다른 접근 방법, 다른 자료, 다른 정보를 제공하며 보험을 권유한다고 해서 그것이 얼마나 효과가 있겠는가? 그는 이미 이런 권유를 너무 많이 들었고, 다양한 세일즈 기교를 접해봤기 때문에 어떻게 대응할지도 너무나 잘 알고 있다. 이런 상황을 보며 우리는 이 비즈니스 전장에서 살아남기가 날이 갈수록 어려워지고 있다는 것을 깨닫게 된다.

물론 이런 상황에 절망할 필요는 없다. 상황은 언제나 상대적일 뿐이므로, 시장 상황이 어렵다면 그것을 해결하고자 노력하게 되니 오히려 자신의 능력을 키울 수 있는 기회가 더 많아질 것이다.

과거에는 조건이 만족스럽지 못하더라도 다른 여러 상황을 고려해 계약 성사 자체에 의의를 둔 계약도 있었다. 하지만 지금은 계약 성사를 위한 계약이 아니라 조금이라도 이윤을 증대시키기 위해 노력한다. 오늘날 같은 박리(薄利)시대에 사업에서 가장 중요하고 핵심적인 부분은, 계약을 성사시키되 조금이라도 나은 이윤을 낼 수 있는 방법을 찾는 것이다.

그러나 문제는 당신이 이윤을 내고자 노력하는 것과 마찬가지로 당신의 고객 역시 같은 생각을 하고 있다는 것이다. 당신의 고객은 다음의 세 가지 방법으로 자신의 이윤을 창출하려고 할 것이다.

첫째, 더 많이 팔거나 더 많은 신상품을 개발해 이윤을 창출한다.

둘째, 합리적인 경영을 통해 원가를 낮춘다.

셋째, 협상을 통해 가격을 조정한다.

마찬가지로 당신 역시 다른 사람의 고객이라면 위의 방법을 사용해야 한다.

예 >>

미국의 최대 자동차 회사는 GM사다. 한동안 경영난으로 허덕이던 GM은 구매부 담당자를 로페즈로 교체했다. 로페즈는 일을 맡은 지 반년 만에 GM사에 20억 달러의 경비절감을 이뤄냈다. 일개 구매부 담당자가 어떻게 단시간 내에 20억 달러를 절감할 수 있었을까?

자동차 생산에는 스테인레스, 강철 등의 원재료와 수많은 부품들이 필요하다. 로페즈는 6개월 동안 다른 일은 제쳐두고 모든 원재료와 부품 공급상들을 불러 가격 협상을 다시 했다. 협상의 핵심은 'GM에 공급하는 물량과 종류는 엄청나며 지금껏 거의 독점적, 안정적으로 공급했으니, 만약 우리에게 더 좋은 가격을 제시하지 않는다면 공급상을 바꾸겠다'는 내용이었다. 이 협상만으로 로페즈는 6개월 만에 GM사에 20억 달러의 경비 절감을 가져다주었다.

위의 예처럼, 때로는 오래된 거래처와 조건에 관한 협상 없이 계속 원래 계약을 유지한다면, 당신의 원가비용은 점점 더 올라갈 수도 있다.

우리도 사무실을 열면서 복사기를 한 대 빌리게 되었다. 처음에 서너 곳에서 견적을 받았고, 가격과 조건을 꼼꼼히 따져 가장 낮은 조건의 회사에서 복사기 대여는 물론 잉크와 종이까지 공급 받았다. 그렇게 1, 2년이 지나고, 장기적으로 별 생각 없이 습관적인 거래를 하게 되었다. 그러다 보니 어느 순간에 종이 가격과 잉크 값이 올라 있는 것이었다. 그 회사는 비록 아주 소폭이었지만 아무런 통지 없이 스스로 가격을 올린 것이다.

아마 여러분도 이런 경험이 있을 것이다. 때문에 오래된 거래처와 일정기간이 지나 재협상을 하지 않는다면 원가비용이 자신도 모르게 높아질 수 있다.

무엇이 가장 좋은 협상인가? 어떻게 협상을 좋은 방향으로 끌고 나갈수 있을까? 좋은 협상은 한 쪽은 자신의 요구를 관철시키고, 또 다른 한쪽은 그 조건이 자신에게 더 좋다고 믿게 만드는 것이다. 간단히 말하면사는 쪽은 실리를, 파는 쪽에는 체면을 세워주어 양쪽 모두 만족하는 것이 진정한 WIN-WIN협상이고, 진정한 승리이다.

그렇다면 어떻게 하면 진정한 WIN-WIN을 얻을 수 있을까? 예를 들어 설명해보자.

예 >>

오렌지 한 개가 있다. 두 사람이 어떻게 공평하게 나눠 먹을 수 있을까?

첫 번째는 껍질을 벗기지 않은 오렌지를 반으로 잘라 나눠먹는 방법이 있고, 두 번째는 한 사람은 껍질을 벗기고 한사람은 알맹이를 나누는 역할을 맡는 방법도 있다. 세 번째는 껍질을 벗겨 하나씩 떼어 너 하나 나 하나 이렇게 먹을 수도 있다.

이렇게 오렌지 하나를 여러 방법으로 나눠 먹을 수도 있지만, 비즈니스 전장에서는 이런 상황은 없다. 비즈니스 전장에서는 승리한 자가 오렌지 껍질부터 알맹이까지 다 가져가길 원한다. 때문에 대부분의 협상에서 양자 간에 가장 올바른 균형을 얻을 수는 없고, 한사람에게만 가장 좋은 결과를 가져다준다.

방금 말한 서너 가지 오렌지 분배 방법 말고 또 다른 가능성도 있다. 나의 방법은 이렇다. 나는 오렌지 껍질을 좋아하기 때문에 알맹이는 다른 사람을 줄 것이다. 오렌지 껍질을 잘 말리면 훌륭한 차가 된다는 사실을 잊지 말아야 한다. 만약 내가 이 업계에서 종사한다면 나는 모두들 오렌지 알맹이를 먹기를 바랄 것이고. 그렇게 되면 나는 더 많은 오렌지 껍질을 얻을 수 있게 된다.

소 한 마리에는 고기는 물론 심장과 내장이 있다. 어떤 사람은 소의 고기만 필요로 하고 어떤 사람은 소의 심장, 간, 내장만 필요하다. 그렇다면 고기를 필요로 하는 사람과 내장만 파는 사람이 함께 소 한 마리를 사서 필요한 것만 가져가는 것은 어떨까? 그렇게 되면 각자 공평한 균형을 얻게 될 것이다.

이처럼 모든 것에 있어서 자기만을 생각하기보다 서로의 이익을 생각하면 훨씬 더 만족스러운 결과를 얻을 수 있다는 것이다.

협상에서 진정한 우위를 점하려면 나만 이기려고 해서는 안 되고 상대방 역시 이겼다는 느낌을 갖게 만들어야 한다.

두 사람 중 한 사람은 100만 달러어치를 사고, 한 사람은 100만 달러어치를 파는 사람이라고 하자. 훌륭한 협상가는 100만 달러를 팔았을 때 100만 달러어치를 산 사람이 승리했다는 기분이 들게 만든다. 반면 그렇지 못한 협상가는 상대방이 패했다는 느낌을 갖게 만든다. 간단하게 말하면 같은 100만 달러지만 쌍방의 느낌이 다르기 때문에, 어떤 방법을 써서라도 상대방이 계약을 성사시켰다는 성취감 외에 자신이 승리했다는 느낌을 갖게 만들어야 한다.

협상에서 우위에 서는 기본 상황을 이해했다면, 이제 협상의 기교에 대해 이야기해보자. 협상 테이블에 앉는 순간부터 중반, 마무리까지 하나하나 짚어 가며, 어떻게 하면 상대방의 심리전술을 간파해 훌륭한 협상을 할 수 있는지 알아보자.

첫째, 절대로 상대방이 처음 제시한 조건을 받아들여서는 안 된다는 것이다. 상대방의 첫 조건을 바로 받아들인다면 상대방의 머리 속에는, '어? 이럴 줄 알았으면 좀 더 낮게 부르는 건데⋯' 하는 생각과, '이 물건은 분명 문제가 있을 거야. 그렇지 않고서는 어떻게 이렇게 빨리 답을 하지?'라는 두 가지 생각이 떠오를 것이다.

예 »

과일상점에서 파는 과일 바구니가 평소에는 15,000원이다. 당신이 주인에게 10,000원으로 깎아 달라고 하자 주인이 흔쾌히 동의한다면, 당신은 어떤 생각이 들겠는가? 분명 두 가지 생각이 들 것이다.

'이럴 줄 알았으면 8,000원을 불러보는 건데. 혹시 알아? 그 가격에 줬을지⋯.'

소비자는 언제나 싸게 사는 것에서 최고의 만족을 느낀다.

'어, 평소에 15,000원이었는데 10,000원에 판다면 분명 오늘 과일은 좋지 않은 것이겠군! 겉은 멀쩡해도 속이 곯은 거 아닐까?'라고 생각할 수도 있는 것이다.

이런 가능성이 분명히 존재하기 때문에 무슨 일이 있어도 상대방의 처음 제시가격을 그대로 받아들여서는 안 된다. 그래야 더 좋은 조건으로 협상해 더 좋은 결과를 얻을 수 있고, 만약 당신의 첫 조건을 상대방이 그대로 받아들였다면 정말로 상품에 문제가 있을 수도 있으니 반드시 면밀한 조사를 해 보아야 한다.

'협상에서는 언제나 원래 목표보다 높은 요구를 해야 한다.'

이 말은 협상에 있어서 경전과도 같은 말이다.

협상 테이블에서의 성패는 당신이 처음에 얼마나 과도한 요구를 하는가에 달려있다. 때문에 때로는 당신의 요구가 과하고 높아도 괜찮다. 당신의 요구가 예상목표보다 훨씬 더 높더라도 다음의 몇 가지 좋은 점이 있다.

첫 번째, 예상목표보다 높은 요구를 하게 되면 당신은 협상에 있어서 더 큰 공간을 확보할 수 있다. 상대방이 100만 달러를 말하고, 당신은 150만 달러를 말했다면 당신은 50만 달러의 공간을 확보하게 되어 서로 조율할 수 있는 범위도 상대적으로 커진다.

두 번째, 당신의 높은 조건을 상대방이 바로 받아들일 수도 있다. 왜냐하면 사람마다 약한 고리와 스트레스 지점이 다르기 때문이다. 어떤 사람이 집을 팔려고 한다. 당신은 시가가 200만 달러라는 것을 알면서 150만 달러를 불러도 그가 받아들일 수도 있다. 그는 어쩌면 재정적 압박을 받고 있을 수도 있기 때문이다. 회사에 급하게 100만 달러의 자금이 필요해서 이 100만 달러로 2,000만 달러짜리 회사를 죽일 수도 살릴 수도 있다면, 당신의 요구를 받아들일 것이다.

세 번째, 이런 대담한 요구는 상대방에게 당신의 상품이나 서비스의 가치를 보다 높일 수 있다. 당신이 가격을 높게 부를수록 당신 상품의 가치는 올라가므로 높은 가격을 부르는 것은 당신의 가치를 높이는 일이 된다. 물론 높은 가격을 불러야 하는 것은 자신만을 위해서가 아니라, 사실은 상대방이 승리자라는 분위기를 만들어 주기 위한 것이기도 하다. 왜 그럴까? 예를 들어, 상대방이 100만 달러를 불렀고 당신은 150만 달러가 아니면 팔지 않겠다고 말한다면, 결국에는 125만 달러 정도에서 계약이 성사될 것이다. 주목해야 할 것은 125만 달러에 계약할 때 상대방은 비록 예상보다 25만 달러를 더 지불했지만 승리했다는 느낌을 가지게 된다는 것이다. 이유는 아주 단순하다. 당신이 처음에 150만 달러를 불렀기 때문에 상대방은 전체 협상과정에서 자신의 능력으로 25만 달러를 절약했다는 기분을 갖게 된다. 누구에게나 시작 가격은 사실 최후의 계약가격이 아니기 때문에 그는 그런 승리감을 갖게 되는 것이다.

만약 당신의 적수가 만만한 상대가 아니라면 당신은 협상이 교착상태에 빠지지 않게 해야 한다. 당신이 높은 가격을 제시해도 상대방이 거기에 속지 않을 것이라고 알고 있으면서도 협상은 반드시 진행해야 하는 상황이라면, 상대방의 조건과 거리를 더 벌려 마지막에 상대방이 받아들일 수 있게 해야 한다. 그렇지 않고 상대방이 100만 달러라고 부르는데 110만 달러라고 부른다면 협상 공간은 그 10만 달러에 머물고 만다. 더 이상 움직일 공간도 조정할 공간도 없는 것이다.

제1차 페르시아만 전쟁 당시 미국의 부시 대통령의 협상 전략이 바로 예상 목표보다 높은 요구였다. 당시 이라크는 쿠웨이트를 침공해 단시일 내에 전체 쿠웨이트를 점령해버렸다. 결국 미국이 파병을 했고, 미국의 요구조건은 다음과 같았다.

첫째, 이라크 군은 당장 이라크로 돌아가라.

둘째, 우리는 끝까지 이라크를 쫓아 반드시 국제 법정에 세울 것이다.

셋째, 이라크의 유전을 전부 불태울 것이다.

아주 공포감을 조성하는 말이었지만 실제로 미국은 그들을 국제 법정에 세우지도 않았고, 유전을 불태우지도 않았다. 단지 이라크군을 쿠웨이트에서 철군시켰을 뿐이었다.

그렇다면 미국은 왜 그렇게 말했을까? 만약 시작부터 미국이 우리의 조건은 단지 이라크군을 쿠웨이트에서 철군시키는 것이라 말했다면, 이라크 군은 그들의 낮은 요구조건에 별것 아니라 코웃음을 치며 아마 계속 전쟁을 했을 것이다.

때문에 요구 조건은 언제나 목표보다 높게 잡아야 하고, 높은 요구를 했을 때 비로소 운신의 폭을 넓힐 수 있는 더 넓은 공간을 확보할 수 있다. 상대방을 잘 모를수록 요구 조건과 당신이 서 있는 위치는 더 높게 잡아야하고, 어쩌면 그 높은 조건을 상대방은 단번에 수용할 수도 있다.

둘째, 협상에 있어서 새로운 관계의 발전에도 신경 써야 한다.

협상 상대방과의 교류를 두려워해서는 안 된다. 상대방과의 접촉이 많아질수록 친밀해지고, 이런 상황은 마지막 계약 성사에 도움이 된다.

협상할 때는 최적의 조건을 미리 준비해 두어야 한다. 당신은 100만 달러에 팔고 싶지만 받아들일 수 있는 최저 가격은 92만 달러라면, 이 92만 달러가 최저이면서 최적 위치가 되는 것이다. 협상에 있어서 이 최적의 위치를 지키려면 이 가격을 지켜내야 한다. 하지만 당신이 높은 가격을 부르는 것과 마찬가지로 상대방은 낮은 가격을 제시하기 때문에 그것을 지켜내기가 쉽지 않다. 당신이 100만 달러를 부른다면 상대방은 20만 달러를 부를 수도 있고, 그렇다면 그 차액 80만 달러라는 넓은 공간에서 이견을 좁혀 나가야만 하는 난제가 생기게 된다.

이렇게 상대방 역시 현실과 동떨어진 가격을 제시한다면 어떻게 대처해야 할까?

첫째, 상대방에게 공평의 중요성을 일깨워주어야 한다.

'이렇게 좋은 상품에 그런 가격을 제시하시다니, 공장이 망해도 팔 수 없는 가격입니다.'라며 공평함의 중요성을 강조해야 한다.

둘째, 상급자의 권위를 이용하라.

'죄송합니다. 당신이 제시한 가격은 정말이지 너무 터무니없는 가격입니다. 게다가 전 결정권이 없으니 전화로 사장님께 여쭤 보겠습니다.'

이렇게 상급자가 결정하도록 하거나 또는 연극적인 기교를 부려, 터무니없는 가격 제시에 불쾌한 표정으로 강하게 거부 의사를 보여주는 것도 좋다.

셋째, 반드시 상대방이 먼저 가격을 제시하도록 한다.

절대로 먼저 가격을 제시해서는 안 되고, 상대방이 가격을 제시한 첫 가격은 절대로 받아들여서는 안 된다.

넷째, 가격을 제시해야 한다면 목표는 쌍방 가격 차액의 중간으

로 잡아라.

상대방의 조건은 10,000달러. 당신은 8,000달러면 받아들일 수 있다. 그렇다면 당신은 얼마를 제시해야 할까? 당신은 6,000달러를 불러야 한다. 당신이 받아들일 수 있는 가격은 8,000달러가 마지노선이다. 하지만 시작부터 8,000달러를 부르면 그 이상으로 올라간다. 6,000달러를 부르면 최고 2,000달러가 올라도 당신이 받아들일 수 있는 가격 8,000달러가 되고, 상대방의 입장에서도 처음 제시가보다 2,000달러는 떨어졌지만 당신이 제시한 6,000달러보다는 2,000달러가 올랐으므로 심리적으로는 공평하다는 만족감을 느낄 것이다. 이렇게 쌍방 모두 협상에서 승리했다는 느낌을 갖게 되는 협상이 좋은 협상이다.

04 협상 시작 단계에서의 전략과 전술

협상 시작 단계에서 사용할 수 있는 첫 번째 전략은 아주 간단한 '얼굴색 바꾸기'이다. 사람은 시각적 동물이다. 협상에서 상대방이 말한 조건과 가격을 받아들일 수 없다면, 상대방이 당신의 생각을 알도록 가능한 대담하고 과장된 얼굴 표정, 놀라거나 어이가 없거나 심각한 등등의 표정을 지어라.

 >>

시장에서 옷가게를 하는 중년 여성과 손님인 한 젊은 아가씨를 예로 들어 보자.

아가씨가 그 가게를 지나가다가 마음에 드는 옷을 보고 물었다.

"아주머니! 이 옷 얼마예요?"

"아가씨, 그 옷 너무 잘 어울린다. 한번 입어 봐요. 가격은 중요한 게 아니고."

"아니, 입기 전에 가격부터 알려주세요!"

"아유, 참. 가격은 걱정 말아요. 내가 아가씨한테만 특별히 싸게 줄 테니. 입어보고 마음에 들면 가격은 그때 이야기해요."

"아니요, 먼저 얼마인지 알려주세요."

이 두 사람은 협상의 기술에 대해 조금은 알고 있기에 누구도 먼저 가격을 이야기하지 않는다. 결국 가게 주인이 먼저 갖가지 이유를 말하며 대단히 높게 가격을 부른다.

"이 옷이 원래는 10만원도 넘게 팔았는데 아가씨가 오늘 첫 손님이고, 이제 곧 신상품이 들어오기 때문에 특별히 아가씨에게는 8만원에 줄게요, 이거 정말 아무한테도 말하면 안돼요!"

주인의 8만 원이라는 말에 손님이 아무런 반응이 없다면, 그건 이미 주인의 전략이 먹혀들었고, 이제 조금만 더 설득당하면 쉽게 지갑을 열수도 있는 상황이 된다는 것이다.

때문에 주인이 부르는 가격을 받아들일 수 없다면, 말이 끝나자마자 '얼굴색 바꾸기' 전술을 써야한다. 한껏 과장되게 놀라운 표정으로….

"뭐라고요? 8만원이라고요? 잘못 말하신 거 아니에요?"

이렇게 상대방이 과장된 제스처를 보일 때, 가게 주인은 팔 마음이 있다면 바로 대응한다.

"아니 아가씨! 뭘 그렇게 놀라고 그래요? 그럼 얼마면 되겠는지 한번 말해 봐요!"

물건이 마음에 든다면 손님 역시 시작 가격은 당연히 살 수 있는 가격보다 많이 낮춰서 부를 것이다.

"2만원이요!"

아가씨의 이 말에 대경실색하며 이번에는 아주머니가 '얼굴색 바꾸기' 전술을 사용한다.

"2만원이라고요? 2만원에 사겠다고요? 여기 좀 봐요, 이 젊은 아가씨가 10만 원짜리를 8만원에 깎아줬는데 글쎄 2만원을 부르네."

주인은 손님에게 군중 압박을 주기위해 주변 사람들을 불러 모으는 전술을 사용한다. 이런 군중을 이용한 압박전술은 안면 바꾸기 전술보다 더 강한 부담을 준다.

"좋아요. 2만원에 가져가요. 그리고 우리 남편이랑 아이들, 고양이 두 마리, 개 세 마리도 함께 데려가 나 대신 돌봐줘요. 이제 난 파산했어요."

이것을 부대조건이라 한다.

여러분도 봤다시피 가게주인은 대단하다. 첫 번째로 안색 바꾸기 전술을 쓰자마자, 두 번째로 군중을 이용한 부담을 주었고, 셋째, 상관없는 부대조건까지 들먹이며 손님에게 거절할 수 없는 부담을 주었다.

요즘은 이처럼 작은 가게 주인까지도 협상전술에 대해 상당한 경지에 올랐다. 따라서 우리도 훈련을 통해 자신의 협상능력을 키워야 한다.

'얼굴색 바꾸기' 전술의 포인트는 상대방의 답을 듣자마자 즉각 놀라움과 당혹스러운 표정과 태도를 극도로 과장해 보여야 하는 데 있고, 가능하면 맞장구쳐줄 사람들이 함께 있으면 더 좋다. 이 전술은 언제 어느 때든 활용도가 높고 유용한 전술이다.

이번에는 받아들일 수 있는 범위에 대해 분석해보자.

받아들일 수 있는 범위란, 당신의 시작가격과 상대방의 시작가격 사이에 두 사람 모두 받아들일 수 있는 가격 범위를 말한다. 10달러와 20달러 사이, 또는 만 달러와 만 오천 달러 사이에 쌍방 모두 받아들일 수 있는 범위가 있다. 이때 중요한 것은 이 범위 안에서 가장 좋은 가격으로 협상을 타결하는 것이다. 가격 협상에 있어서 보통 사람들은 시각형, 청각형, 감각형의 3가지 형태를 보인다.

즉, 어떤 사람들은 보는 것으로 판단하고, 어떤 사람들은 듣는 것으로 판단하고, 어떤 사람들은 느끼는 것으로 판단하는데, 70% 이상의 사람들이 시각형에 해당된다. 따라서 협상을 할 때는 일단 상대방이 시각형 반응을 보이리라 예상하고, 이때 가장 유용한 전술은 바로 '얼굴색 바꾸기'이다.

이때 당신의 이 전술에 상대방도 같은 전술로 맞불을 놓는다면? 당신의 과장된 행동에 상대방은 더 한층 과장된 태도를 보인다면?

이 상황에서 상대방의 '얼굴색 바꾸기' 전략을 무너뜨릴 비법은, 상대방의 의도를 간파했다는 듯 여유 있게 미소를 지으며 말하는 데 있다.

"정말 대단한 연기십니다. 어디서 배우셨나요? 협상의 예술을 제대로 알고 계시는군요!"

상대방의 전술에 당황하지 말고 부드러운 어조로 모든 것을 알고 있다는 듯 행동하는 것이 좋다. 실제로 당신과 마찬가지로 상대방 역시 얼굴색 바꾸기 전술을 사용하고 있는 중일 수도 있기 때문이다.

예〉〉

"이 가격은 정말 더 내릴 여지가 전혀 없는 가장 낮은 가격입니다. 더 이상 양보할 수 없는 최후 가격으로 5만 달러입니다. 다른 가격은 절대 있을 수 없습니다."

"뭐라고요? 너무 높은 가격 아닙니까? 말도 안 됩니다!"

당신의 가격 제시에 상대방이 안색 바꾸기 전술을 쓰며 과장된 표정과 태도를 보인다면 당신은 절대로 흥분하지 말고 냉정하게 말해야 한다.

"다른 모든 사람들은 제 가격을 듣고 모두들 세계에서 가장 좋은 가격이라 여기는데, 선생님은 과장이 심하시군요. 하지만 그렇다고 해서 제 가격을 더 낮출 수는 없습니다. 5만 달러 이하는 절대로 안 됩니다."

이렇게 냉정한 태도로 말했을 때 상대방의 전술은 결국 무너지고 만다. 따라서 상대방의 과장된 행동과 표정에, 당신은 침착하고 냉정한 태도로 응대하여 당신의 조건을 지켜내야 한다.

얼굴색 바꾸기 전술의 몇 가지 포인트를 짚어보자.

1. 상대방이 첫 가격을 말할 때 당신은 당황하고 놀라운 표정을 지어야 한다.

2. 당신의 표정을 보고 상대방은 대부분 적당한 선에서 양보를 할 것이다.

3. 특별한 상황이 아니라면 일단 상대방을 시각형 인간이라고 가정하라.

4. 만약 얼굴을 보고 협상할 수 있는 상황이 아니라면, 전화기에 대고 목소리라도 놀라고 당황스런 상황을 들려주어라. 사람은 시각이 제한을 받으면 청각이 아주 예민해진다.

협상과정에서 끊임없이 논쟁만을 하려한다면 오히려 상대방의 더 강한 저항을 받기도 한다. 때문에 협상이 소강상태에 빠지지 않게 하려면 감정적 부분을 잘 조절해 운영해야 한다. 바로 상대방에게 느끼고, 받아들이고, 깨달았다고 느끼게 하는 감정의 이해 과정이다. 이것이 바로 협상 시작 단계의 두 번째 전술이다.

어떤 물건에 대해 상대방은 가격이 너무 높다고 한다. 이럴 때 적극적인 설명도 좋지만 때로는 상대방의 감성적 부분에 다가가면 의외로 부드럽게 풀릴 수 있다.

"당신의 느낌은 충분히 이해합니다. 많은 사람들이 이 가격을 듣고는 당신과 같이 받아들였습니다. 하지만 나중에 그들은 우리 가격이 다른 곳보다 10% 정도 높지만 사용기간은 다른 제품보다 두 배는 길다는 것을 깨달았고, 결국 우리 제품이 가장 좋다는 결론을 내렸습니다."

이렇게 풀어간다면 상대방은 아마 당신 물건에 더 큰 호감을 가지게 될 것이다.

'나는 당신의 감정을 이해하고, 다른 사람도 그렇게 느꼈으니 당신의 생각은 조금도 과장되지 않았고 나도 그렇게 받아들인다. 하지만 당신은 곧 다른 사람과 마찬가지로 이 제품이 최고라는 것을 깨닫게 될 것이다.'

이렇게 이해하고 공유한다는 느낌을 갖게 하면 분명 좋은 결과를 얻게 될 것이다. 때문에 우리는 협상과정에서 내 자신은 물론 상대방이 느끼고 받아들이고 깨닫게 해야 한다.

협상 시작단계의 세 번째 전술은, 얻고자 하는 것에 대해 별로 원하지 않는 듯 무심한 모습을 보이는 것이다. 이 기교는 협상 시작 전에 상대방이 운신할 수 있는 공간을 빠르게 축소할 수 있는 장점이 있다. 하지만 주의해야 할 것은 상대방도 당신과 같은 전술을 쓸 수 있다는 점이다. 예를 들어보자.

예 »

당신이 어떤 사람의 집을 사고자 한다. 상대방은 집을 매물로 내놓고도 별로 팔 생각이 없는 듯 보인다.

"솔직히 말해서 이 집은 별로 팔고 싶지 않아요. 이곳에서 오래 살아서 남다른 감정이 있답니다. 여기서 아이들도 낳았고, 이 집에 살면서부터 일도 잘 풀렸고. 게다가 풍수 전문가가 말하길 이 집의 풍수가 너무 좋다고 하네요. 교통도 좋고, 공간 배치도 잘 되어 있고. 정말이지 팔고 싶지 않답니다."

하지만 정말 팔고 싶지 않다면서 이렇게 구구절절이 집에 대해 설명을 늘어놓는 이유는 무엇인가? 상대방은 바로 협상 전에 집의 가치를 한 층 더 높이려는 전술을 쓴 것이다.

상대방은 마치 집 파는 것이 전혀 달갑지 않은 것처럼 말하지만 실은 아이를 낳았고, 사업이 발전했다는 등 마치 이 집에서 살면 모든 것이 다 좋아지는 것처럼 말해, 사고자 하는 사람에게 집의 가치를 보다 높여 꼭 사야한다는 확신을 심어주고 있는 것이다.

때문에 당신 역시도 무엇을 사고자 할 때 아무리 마음에 든다고 해도 바로 호감을 표시해서는 안 된다. 그렇게 되면 협상이 시작되었을 때 당신은 상대방 조건에 끌려갈 수밖에 없다.

따라서 협상 상대가 무엇을 팔 때 마치 몹시 아쉬워하며 팔기 싫어하는 모습을 보인다면, 당신은 그가 협상의 한 전술을 사용하고 있다는 것을 간파해야 한다. 그런 전술을 통해 물건의 가치를 높이고 가격을 높게 책정하려는 한 방법으로, 협상이 시작되기도 전에 당신 스스로 먼저 가격을 높게 부르게 만들려는 것이다. 때문에 당신 역시 그의 의중을 간파해서, 쉽게 호감을 드러내거나 가치를 인정해서는 안 된다. 당신도 별로 관심이 없는 듯 행동해야 한다.

반대로 당신이 무언가를 파는 입장이라면 협상 전에 당신의 물건에 대해 팔기 아쉬워하며 최대한 가치를 높여야 한다. 팔고 싶은 모습을 보이면 보일수록 상대방의 제시가격은 낮아지고, 팔기 싫어하는 모습을 보이며 가치를 높일수록 상대방의 제시가격은 올라간다.

1장_
협상의 목적은 서로가 이기는 것

한 쌍의 연인이 바닷가 모래사장을 거닐다 작은 보트를 타고 있는 청년을 보았다. 바다를 신나게 달리고 있는 보트를 가만히 보니 뒤에 '보트를 팝니다.'라는 팻말이 달려있었다. 궁금해진 연인은 청년에게 물었다.

"그 보트 팔 건가요?"

"아니요. 이 팻말은 이틀 전에 단거예요. 그때는 갑자기 팔아야겠다는 생각이 들어서요."

"그런데 왜 팻말을 내리지 않았나요?"

"아, 그냥 잊어버리고 있었어요."

"그런데 왜 보트를 팔려고 했어요?"

"원래는 이 보트를 팔고 더 큰 보트를 사려고 했는데, 생각해 보니 이 보트는 내게 정말 많은 행운을 가져다주었더군요. 돈도 많이 벌었고. 그래서 안 팔고 두려고요."

청년은 보트에 대해 자랑을 늘어놓기 시작했다. 보트가 자신에게 행운을 가져다주었을 뿐만 아니라 선체 상단부의 나무는 이태리 수입품이고, 인테리어는 프랑스식이고, 모든 부품은 미국 수입품임을 강조한 뒤 배와 얽힌 아름다운 추억을 들려준다.

이렇게 보트의 자랑을 늘어놓자 듣고 있던 여자는 애인에게 보트를 사자고 조른다.

"아가씨 마음은 알겠지만 저는 정말 보트를 팔 마음이 없습니다. 이 보트는 정말 훌륭하지요. 이 보트는 10만 달러에 샀는데, 이틀 전에 어떤 사람이 14만 달러에 사겠다는 것도 거절했답니다."

이 청년은 정말 보트를 팔기 싫은 걸까? 아니다. 그는 사람들과 협상을 시작하기 전에 미리 보트의 가치를 높여 협상의 주도권을 잡으려고 하는 것이다. 보기에는 팔기 싫은 것 같지만 사실은 아주 간절히 팔고 싶어 하는 것이다.

뛰어난 협상가는 정식 협상이 시작되기 전에 제품의 가치를 최대한 높이려 한다. 때문에 그들은 사고 싶거나 팔고 싶어 하는 마음을 감추고 별 관심 없는 듯 말한다.

협상이 별다른 진전이 없을 때 다음 상황을 주의하라.

1. 협상 대상물에 별다른 관심이 없는 듯 행동하라.

2. 상대방 역시 같은 전술을 쓰고 있는지 주의 깊게 살펴보라.

3. 관심 없는 듯 보이는 전술은 언제나 상대방보다 먼저 사용해서, 상대방의 운신할 수 있는 폭을 좁혀야 한다.

4. 관심 없는 듯한 전술은 제대로 활용하면 협상 전에 상대방의 조건, 운신의 폭을 줄일 수 있는 최선의 방법이다. 이 방법을 통해 당신에게 유리한 협상 공간을 창조할 수 있다.

이 장의 핵심은,

첫째, 얼굴색 바꾸기 전술은 언제라도 유용한 방법이니 자주 활용하라.

둘째, 느끼고 받아들이고 깨닫게 하는 감정 교류를 통해 쌍방의 충돌을 피하라.

셋째, 협상 대상물에 대해 별로 관심 없는 듯한 태도를 유지하라.

이 방법은 협상 전에 상대방의 운신의 폭을 좁히고, 자신에게 유리한 공간 확보에 대단히 유효하다.

유리한 협상을 위한 중간단계의 전략과 전술

중간 전략에는 여러 가지 방법과 기교들이 있지만, 이 장에서는 가장 기본적인 몇 가지 방법을 나누고자 한다.

첫 번째 방법은 제압법(制壓法)이다. 제압법은 아주 간단한 방법으로 상대방이 어떤 조건을 제시하든 무조건 거부 의사를 밝히는 것이다.

"당신의 조건은 만족할 수 없습니다!"

이 한마디 말로 상대방의 가격을 낮추거나 당신의 가격을 높이는 것으로, 협상을 하다 보면 이 단순한 한마디가 의외로 대단한 효과가 있음을 알게 될 것이다.

＞＞

사무실 인테리어를 위해 견적을 받았다. 상대방이 제시한 가격은 2만 달러로 당신의 예상 지출보다 낮다. 당신은 물론 합리적인 가격이라 여길 것이다. 하지만 앞서 말했듯 상대방이 처음 제시한 가격을 그대로 받아들여서는 결코 안 된다.

별로 내키지 않는 듯한 태도로 가격이 높아서 받아들이기 어렵다고 말하면, 상대방은 분명 알아서 가격을 조정할 것이다. 이미 처음 가격이 그런대로 만족스럽더라도 상대방에게 조절 가능한 여유가 있는 한 가격은 내려갈 것이다. 이런 과정은 협상에서 아주 중요한 기교 중 하나이다.

문제는 반대 상황에서 상대방이 이런 기교를 당신에게 사용한다면 이것을 어떻게 효율적으로 제어할 수 있는가 하는 것이다. 당신의 조건에 상대방이 만족할 수 없다는 의견을 내 놓는다면, 이때는 당신이 조정한 가격을 먼저 제시해서는 안 된다.

"그렇다면 어떻게 하면 좋겠습니까?"

이런 말로 상대방을 제어함과 동시에 협상 시작 전에 그가 조정할 수 있는 공간을 대폭 좁힐 수 있다.

"조건이 만족스럽지 못합니까? 괜찮습니다. 그럼 어떻게 해야 좋은지 말씀해 주십시오."

당신의 이 말에 상대방이 조건을 말하기만 한다면, 그는 이제 당신의 제어 공간에 들어오게 되는 것이다.

간단한 말 한마디에 불과한 제압법은 당신에게 커다란 이윤 공간을 만들어 준다.

주의해야 할 것은 '당신의 조건에 만족할 수 없습니다.'라는 말을 한

뒤에는 절대로 다른 말을 해서는 안 된다. 이것이 제압법에 이어지는 침묵법이다. 당신이 말을 많이 하면 할수록 상대방이 파놓은 함정에 빠질 수 있기 때문이다.

당신이 침묵을 하게 되면 상대방은 처음에는 당신의 의중을 알기 위해 고심을 하게 될 것이다. 과연 얼마를 말해야 만족할까를 고민하며, 원가와 각종 비용을 계산해 조정가를 제시할 것이다. 만약 그가 또 물어도 당신은 여전히 고개를 저어 불만족스럽다는 표시를 하거나, '당신이 말해 보십시오. 이 가격이 높다는 것은 당신도 알지 않습니까?' 라는 간단한 말로 답하면 된다. 당신 입으로 가격을 제시하지는 않았지만, 당신의 이 한마디 말에 상대방은 스스로 계산기를 두드려 조정안을 낼 것이다. 아주 간단하다. 제안 후에 침묵하면 되는 것이다.

또 하나 주의할 것은, 가격을 논할 때 백분율의 함정에 빠져서는 안 된다. 금액이 관건이다. 상대방이 30,000달러를 말했다가 10%인 3,000달러를 낮춰준다고 했다. 여기서 당신이 이해해야 할 것은 3,000달러는 모두 순수 이익이기 때문에, 10% 할인 자체보다 더 중요하다.

어떤 상황에서도 가장 높은 이익을 추구해야 한다. 협상을 통해서 당신의 시간당 임금을 초과하는 이익을 얻을 수 있다면 당연히 노력해서 얻어야 한다. 당신 연봉이 4천만 원이라면 시간당 임금은 2만원이다. 그렇다면 협상을 통해 몇 시간 만에 40만원을 번다면 누가 마다하겠는가? 40만원은 당신의 20시간 임금에 해당하고 게다가 모두 순수이익이다. 몇%를 낮추고 높였느냐가 중요한 것이 아니라, 그 금액이 당신이 얼마나 일해서 얻을 수 있는 것인가가 더 중요하다. 협상을 통해서 1시간 임금, 혹은 당신의 한 달 수입을 초과하는 이익을 얻을 수 있을 것이고, 그 이익은 늘 강조하듯 100% 순이익이 된다. 때문에 당신이 협상을 통해서 얻는 이익이 당신의 시간당 임금을 초과한다면 그 협상은 진행할 가치가 충분히 있는 것이다.

앞에서 말했듯이 만약 상대방이 제압법을 사용한다면 당신은 반격을 해야만 한다. 사실 서로 한마디 말과 침묵, 질문과 고민의 과정을 거치는 동안 행하는 모든 행동의 핵심은 바로 상대방을 자극해 먼저 조건을 말하고, 먼저 양보하고, 먼저 조정하게 만드는 것이다. 따라서 상대방이 특별한 반응을 보이지 않는 이상 먼저 경솔하게 조정을 하거나 양보를 해서는 안 된다.

제압법을 사용하는 데 있어서 몇 가지 핵심을 다시 한 번 정리해보자.
첫째, 상대방의 조건을 들었을 때 바로, '당신의 조건은 만족스럽지 않습니다.'라고 말하라!
둘째, 만약 상대방이 제압법을 사용한다면, '그럼 어떻게 하면 좋겠습니까?'라고 물어라! 이렇게 하면 상대방이 명확한 입장이나 태도를 보일 수밖에 없다.
셋째, 논의하고 있는 가격 자체에 포커스를 맞추어라. 영업액 등의 요인에 영향 받지 말고 백분율에 연연하지 말라!

넷째, 협상에서 얻어지는 10원 한 장도 모두 순이익임을 절대로 잊지 말라!

다섯째, 협상에서 승리하는 것이 가장 빨리 돈을 버는 방법임을 명심하라!

중간단계의 두 번째 전술은, 바로 차액이나 조건의 차이를 각각 분담하자고 먼저 말하지 말라는 것이다. 이 말의 의미를 예를 들어 설명해보자.

예 >>

50인치 벽걸이 텔레비전을 사려고 한다. 당신이 지불할 수 있는 가격은 3,000달러인데 상대방이 3,600달러를 제시했다. 이때 당신은 3,000달러를 예상했다 하더라도 그렇게 불러서는 안 된다. 보통 상대방의 조건과 차이가 날 때 부르는 시작가격은 당신의 지불가능 가격의 2배에서 상대방의 제시가격을 뺀 가격으로 하는 것이 좋다. 즉 6,000달러 – 3,600달러인 2,400달러를 상대방에게 제시해야 한다.

이제 가격 협상이 시작됐다. 상대방은 3,600달러, 당신은 2,400달러. 파는 쪽과 사는 쪽 모두 각자의 조건을 말했다.

이런 협상과정에서 보통 두 가격의 차이를 반으로 나눠 각각 부담해 가격을 정하는 방법을 많이 사용한다. 즉 3,600달러와 2,400달러의 차이인 1,200달러를 반으로 나눠 각각 600달러씩 양보해 3,000달러에 낙찰을 보는 것이다. 3,000달러라면 당신이 지불할 수 있는 가격이고, 상대방의 입장에서도 원래 제시 받은 가격보다 600달러가 올랐으니 그런 대로 수긍할 수 있는 가격이기도 하다. 하지만 그렇다 해도 절대로 당신이 가격의 차이를 나눠서 분담하자고 주도적으로 말해서는 안 된다는 것이다.

설령 그 가격을 받아들일 수 있다 하더라도 상대방이 더 낮출 수도 있기 때문에 가능하면 그런 제안도 상대방에서 먼저 하도록 하고, 당신은 상대방의 말에 따라 대응해야 한다. 협상을 통해 3,000달러보다 더 낮은 가격에 살 수도 있다는 것을 염두에 두어야 한다.

그 이유는 몇 가지가 있다.

첫째, 각각 절반씩 분담하는 것이 공평하다고 생각하지 말라.

분담이 꼭 공평한 것이라 생각하지 말고, 자신에게 더 나은 조건, 더 좋은 가격을 얻어내야 한다. 협상의 목표는 거기에 있다.

둘째, 차액을 분담할 때 주도적으로 제안하지 말라.

반면에 상대방이 그렇게 하자고 할 때는 못이기는 척 적극 동조하라. 그 과정에서 당신은 가장 좋은 조건을 얻을 수 있다.

셋째, 상대방이 주도적으로 차액을 분담하자고 할 때는, 그는 이 협상에 대해 타협할 의지가 있음을 보여주는 것이다. 때문에 그의 이런 반응에 당신은 마지못해 승낙하는 반응을 보여야 한다.

'썩 만족스럽지는 않지만 당신의 성의를 봐서 그럼 차액 1,000달러는 각각 절반인 500달러씩 분담합시다.'

이럴 경우 상대방은 자신이 승리했다고 느끼게 된다. 앞에서도 말했듯이 협상에서 상대방이 승리했다고 느끼게 해주고, 체면을 세워주는 일은 대단히 중요하다.

둘 사이에 생기는 차액을 분담하자는 말은 절대로 먼저 하지 말라. 그런 상황이 오면 상대방이 먼저 하도록 유도하라. 상대방이 문제를 당신에게 넘기게 하지 말아야 한다. 그리고 만약 문제가 당신 손으로 넘어왔다면, 그 문제가 진짜인지 가짜인지 판별해야 한다.

아파트를 팔려고 내놓았더니 한 청년이 와서 한참을 살펴보았다. 당신은 그 청년이 이 아파트를 살 의향이 있음을 알고 있다. 청년은 아파트를 살 마음이 있다며 협상을 하는 단계에서 갑자기 이렇게 말했다.

"이 아파트가 아주 마음에 들어 사고 싶습니다. 그런데 아버지가 걱정입니다. 아버지가 모아둔 돈을 보태주셔서 사려고 하는데, 시골에서만 사시다가 이런 고층 아파트에 적응을 할 수 있을지…. 그래서 반대를 하셔서 좀 더 설득이 필요합니다."

듣기에 별 이유 같지도 않은 이유일지 모른다. 그는 사고 싶은데 아버지가 반대를 한다?

그의 아버지가 이 협상단계에서 뜨거운 감자로 등장했다. 간단히 말하면 청년은 뜨거운 감자를 당신 손에 건넨 것이다. 이때 당신이 해야 할 일은 이 감자가 진짜인지 가짜인지를 판단하는 것이다.

청년의 의도를 알아보기 위해 당신은 이렇게 말할 수 있다.

"아, 이해합니다. 젊은 사람이 집을 사려면 보통 부모님의 도움을 받지요. 저도 그랬으니까요. 우리 아버지도 그때 뭐가 안 좋고 뭐가 불편하고 말이 많으셨지요. 아, 이러면 어떨까요? 당신 아버님께 우리 아버지가 전화를 해서 말을 해준다면 서로 통할 테니 문제가 해결되지 않을까요?"

만약 상대방이 아버지가 별로 좋아하지 않을 거라고 말하면 그가 말한 문제는 거짓이고 핑계에 불과하다. 이때 당신은 그의 본심을 털어놓게 해야 한다. 그렇다고 직접적으로 말해서 그를 곤란하게 해서는 안 된다.

만약 그가 말한 문제가 진짜라면, 이제 당신은 고객을 도와 문제를 해결하기 위해 노력해야 한다. 정말 아버지의 문제라면 아까 같은 방법을 통하거나 또 다른 방안을 찾아 문제를 같이 해결하는 노력을 해야 한다. 때문에 상대방이 당신에게 어떤 문제나 원인을 말한다면 곧이곧대로 받아들이지 말고 진위여부를 판단해 처리해야 한다.

협상 시작 전에 종종 위와 같은 상황이 일어난다.

상대방이 문제를 당신 손에 넘겼을 때 기억해야 할 원칙은, '진짜인지 가짜인지 판단하는 것'이다.

상대방이 예산이 없다거나 자금이 부족하다고 한다면, 다음과 같은 질문을 던지면 보다 많은 정보를 얻을 수 있을 것이다.

"자금이 없다고요? 그런데 회사는 이렇게 정상적으로 돌아가니 정말 놀랍습니다."

"예산이 없는데 이렇게 협상 회의에 참석하시다니 쉽지 않으셨겠습니다."

이런 질문을 던지면 그들의 답을 통해 보다 많은 정보를 수집할 수 있다.

앞에서 말했듯이 협상을 진행하면서도 끊임없이 정보를 수집하고, 그를 통해 상대방이 던진 문제의 진위를 판단하는 것은 무엇보다 중요하다.

만약 상대방이 사고는 싶으나 예산이 없다고 한다면, 예산이 없다는 변명에 어떻게 대처해야 할까?

방법은 우선 직접적으로 묻는 것이다.

"그렇다면 누가 예산을 추가집행할 수 있습니까?"

앞에서처럼 문제를 받았으면 같은 문제를 질문해 정보를 캔다.

상대방이 던진 어떤 변명이나 문제도 협상 결렬이나 거절의 이유로 생각하지 말라는 것이다.

현재 예산이 없다고 한다면, 추가 예산이나 내년도 예산 집행 시기를 묻거나 하는 방법으로 정보를 수집하면서 상대방이 던진 문제의 진위를 파악해 협상의 실마리를 이어가야 한다.

오늘 협상이 결렬됐다고 영원히 끝난 것은 아니다. 오늘 실패했지만 내일, 혹은 내년에 이루어질 수도 있는 것이다. 따라서 정말 올해 예산이 없다고 한다면, 내년을 기약하며 당신의 제안이나 조건을 각인시키는 것이 중요하다.

예전에 한 회사에서 강의 요청이 들어왔다. 우리 회사의 강의 비용은 반나절 5,000달러, 하루에 10,000달러이다. 상대방은 회사의 3번 남은 워크숍 예산을 다 합쳐도 쓸 수 있는 예산은 8,000달러뿐이라 했다.

"상관없습니다. 그쪽 예산은 부족하지만 귀사에서 분명 정기 간행물 구독이나 학습관련 부품 비용, 직원들 보너스 여행 등의 예산은 따로 집행하지 않습니까?"

상대방의 예산 부족이라는 문제에 우리는 그들을 도와 방법을 찾기 시작했다. 이때 우리가 제출한 방법은 강사비용은 8,000달러로 낮추되 정기 간행물이나 도서구입, 학습 관련 예산에 우리 회사 책을 4,000달러 구입하는 것으로 합의했다.

10,000달러의 수입만 예상됐던 일이었지만 상대방의 요청에 따라 강사비용을 8,000달러로 낮추는 대신 추가 수입 4,000달러가 더 증가해 결국 총 12,000달러의 수입이 생긴 것이다. 상대방의 예산 부족 문제로 협상이 결렬된 것이 아니라 방법을 함께 찾아, 우리는 더 높은 수익을 올리게 되었다.

따라서 한 가지 아이템에서 기대 수익을 올릴 수 없다면 보충할 수 있는 방법을 찾아 수입을 올려야 한다.

우리가 이번 장에서 다룬 협상의 기술을 총정리해보자.

첫 번째, 제압법.

상대방이 조건을 제시했을 때 상대방에게 받아들일 수 없음을 즉각 말하라. 만약 상대방이 제압법을 사용한다면 당신은 상대방에게 의견을 제시해달라는 질문을 던져라.

둘째, 쌍방 조건의 가격 차에 대해 나눠서 부담하자는 의견을 먼저 주도적으로 제시하지 말고 상대방이 그렇게 하도록 유도하라. 또한, 상대방이 그런 의견을 제시한다면 어쩔 수 없이 받아들인다는 제스처를 통해 상대방에게 승리감을 안겨주어라!

셋째, 상대방이 던진 문제의 진위여부를 판단하라.

만약 거짓이라면 진실을 말하도록 유도하고, 진짜라면 그 문제를 해결할 수 있게 적극적으로 나서라! 또한 문제를 알아내는 과정에서 받은 질문을 반문하면서 정보를 수집하라.

상대방이 결정권이 없다고 하면 누가 결정권이 있는지 묻고,

상대방이 시간이 없다고 하면 언제 시간이 나는지 묻고,

상대방이 언제나 가장 싼 물건을 산다고 하면, 가장 싸다고 가장 좋은 품질을 보증하느냐 물어라.

이런 방식으로 묻고 답하는 과정에서 보다 많은 정보를 얻을 수 있다.

문제를 주고 답을 얻는 것이 아니라, 답을 주고 답을 얻는 것이 가장 간단하고 효과적인 질문 방식이다.

아주 아름다운 여성을 만났다고 가정하자. 당신과 그녀는 대화를 시작했다.

"사모님! 안녕하세요!"

당신은 그녀가 결혼했다고 가정하고 사모님이라 불렀다. 만약 그녀가 결혼하지 않았다면,

"사모님 아니에요. 아직 결혼 안했는걸요."라고 말할 것이다.

당신은 이미 그녀의 결혼 여부에 관한 정보를 얻었다. 만약 당신이 직접적으로 결혼했냐고 물었다면, 그녀는 아마, "그건 왜 묻지요?"라고 말했을 것이다.

또 하나 예를 들어보자.

협상 시 당신은 상대방에게 이렇게 물었다.

"귀사의 작년 총 매출액이 2700만 달러이지요?"

"그걸 어떻게 아셨지요?"

"신문에서 봤습니다."

"아닙니다. 신문에는 원래 과장되게 보도되지요."

"그래도 3000만 달러 가까이 될 것 같은데요?"

"아닙니다. 훨씬 적어요. 2600만 달러가 조금 못됩니다."

이해하겠는가? 상대방에게 질문을 한 것이 아니라 가설한 답을 주었고, 그 답을 통해 상대방에게서 원하는 정보를 다 얻었다.

앞의 예가 갖는 의미를 충분히 이해할 것이다.

이렇게 미리 답을 가설하고, 그 답을 상대방에게 던지자 상대방에게서 다른 답이 돌아왔다. 아주 간단하지만 효과적인 질문의 기술이다.

앞의 예로 돌아가 만약 그녀가 결혼을 했다고 한다면 이렇게 질문할 수 있다.

"얼굴을 보니 분명 아들이 있겠군요."

만약 그녀가 아이가 없다면 없다고 할 것이고, 있다면 당신 질문에 대해 긍정하거나 부정할 것이다.

"아니요. 딸이랍니다."

"그렇다면 엄마를 닮아 따님이 굉장히 예쁘겠어요."

당신은 아들이란 가설을 세워 질문을 했고, 그녀의 답에서 딸이 있다는 정확한 정보를 얻었다. 만약 직접적으로 아들이에요? 딸이에요? 라고 물었다면 그녀는 어떤 반응을 보였을까?

이렇게 가설을 세우고 답을 던짐으로써 아주 쉽게 당신이 원하는 핵심 정보를 얻을 수 있다.

01 교환조건과 독식 전술

이번 장에서 다룰 두 가지 전술은 대단히 중요한 것으로, 잘 활용한다면 협상에서 커다란 성과를 얻을 수 있을 것이다.

바로 조건의 교환과 독식전술(조금씩 갉아먹다 결국 다 먹어버리는 전술)이다.

이 책을 읽는 독자들 중에는 수천 명의 직원을 거느리는 기업의 사장님도 있을 테고, 적은 봉급으로 살아가는 샐러리맨도 있을 것이다. 당신이 비즈니스계의 거물이든, 이름 없는 평범한 세일즈맨이든 혹은 협상 대상이 부모님뿐인 어린 학생이든, 갖가지 협상 방법에서 자신에게 맞는 방법을 선택하여 각자의 상황에 맞게 적절하게 활용하는 것이 핵심이다.

협상의 예술을 이해하고, 뛰어난 협상 능력을 갖고 있다면 언제든 기회가 있을 것이다. 생활에서, 일에서 크게는 나라와 나라간의 협상에서 커다란 가치를 창조할 수 있을 것이다.

이 장에서는 협상 과정에서 어떻게 조건을 교환하고, 조금씩 탐색하다가 한 번에 집어삼킬 수 있는지에 대해 이야기해 보자.

첫 번째로 이해할 것은 '서비스의 가치 절감 원리'이다. 유형의 상품은 가치가 증가할 수 있지만, 서비스는 보편적으로 당신 상품 자체의 가치를 떨어트릴 수 있다는 것이다.

예>>

당신이 컴퓨터 판매상이라 가정해 보자. 손님과의 가격 협상 과정에서 당신은 이런 제안을 한다.

"이 컴퓨터를 사시면 매월 1번씩 방문해 무료 점검 서비스를 해드리겠습니다."

이런 것을 부가서비스라고 하며, 컴퓨터 판매를 위해 당신이 기꺼이 제공하고자 하는 부가가치이다. 이런 부가서비스 카드는 너무 일찍 꺼내면 안 된다. 일단 꺼내면 상대방은 당신이 주는 것들을 너무나 당연하게 받아들이게 된다.

이런 상황은 아마 생활 속에서 많이 봤을 것이다. 당신이 제시한 특별한 조건이 결과적으로 상대방에게 이득만 주는 것은 물론, 너무나 당연하게 받아들이는 것이다. 따라서 당신이 부가 서비스를 너무 빨리 꺼내면 상품 자체의 가치는 빠르게 감소하고 만다. 때문에 상대방이 당신에게 양보를 요구할 때, 당신 역시 고객에게 일부분 양보를 요구해야 한다.

고객의 양보 요청에 바로 양보를 하며 부가 서비스를 제공한다면, 상품의 가치는 그 즉시 평가 절하되고 만다. 그렇게 되기까지 오랜 시간도 필요 없다. 2시간이면 원래 10만 원짜리 상품의 가치는 5만원, 아니 그 이하로 떨어지고 만다. 사람들은 언제나 더 많이 요구하므로 즉각적인 양보는 협상 주도권을 상대방에게 넘겨주는 꼴이 되고 만다.

'서비스 가치 절감원리'의 요점을 정리해 보자.

첫째, 물건 자체의 가치는 증가하지만, 서비스의 가치는 물건 자체의 가치를 절하시킬 수 있다. 때문에 많은 부가 서비스를 제공하겠다는 약속을 주도적으로 너무 쉽게 해서는 안 된다.

둘째, 당신이 양보를 했다고 해서 상대방도 분명 양보하거나 보답할 것이라는 기대는 말라. 내가 상대방을 위해 많은 것을 했다고 상대방 역시 나를 성심껏 도와주는 그런 꿈같은 상황은, 불행히도 협상에서는 거의 없다. 때문에 당신이 양보한다면 상대방에게도 상응하는 양보를 당당하게 요구하라.

셋째, 어떤 서비스라도 제공하거나 받기 전에 먼저 가격을 정확히 논하라. 때때로 가격이나 조건을 명확히 하지 않고 갖가지 서비스를 주고받고 나서 후회할 일이 일어난다.

 >>

필자도 최근에 제대로 확인하지 않아 낭패를 당한 적이 있다.

내 강의를 들었던 학생 한 명이 말레이시아에서 제비집(요리 재료로 사용하는)을 채취해 파는 사업을 하고 있다. 얼마 전에 그가 상하이에 와서 내가 주관한 회의에 참석했는데, 내게 제비집 선물 상자를 주었다. 그의 제품을 예전에도 먹어봤는데 가격은 비싸지만 맛은 아주 훌륭했다. 아주 작은 제비집 다섯 개 들이 한 세트가 보통 15만원 하는데, 워낙 품질과 맛이 좋아 나는 보통 한번에 100~200만원 어치씩 구입하곤 했었다. 그런데 그가 수십 개의 제비집이 든 큰 상자를 내게 건넸고, 나는 농담처럼 말했다.

"이렇게 많은 제비집을 내게 선물로 주는 건가?"

"선생님! 그런 말씀 마시고 가져다 드세요!" 하더니 상자를 정리해 내 방으로까지 갖다 주었고, 나는 정말 선물로 주는 거라 생각하고 맛있게 먹었다.

다음날, 그는 "선생님! 이것도 가져다 드세요!"하며 또 한 상자를 가지고 왔다.

나는 어제도 '가져다 드세요'라고 선물도 줬는데 오늘 또 선물을 주나보다 생각하며 기쁘게 받았고, 중국 친구들과 나눠먹기까지 했다.

그런데 회의를 마치고 타이완에서 연락이 왔다. 그가 제비집 값을 달라고 자기 아내를 보내왔다는 것이다.

'린 선생님이 상하이에서 우리 남편이 파는 제비집 두 상자를 가지고 갔는데 아직까지 돈을 주지 않고 있습니다.'

경리 담당자는 전후 사정을 모르니 그럴 리가 없다고 하자, 그녀는 제비집 가격 300만원을 얼른 주지 않으면 학생들에게 알리겠다고 했다고 한다.

이것은 위협이었다. 나는 경리 담당자의 연락을 받고 기절할 듯 놀랐고 후회를 했지만 때는 늦었다.

이런 비슷한 경험이 여러분에게도 있었을 것이다. 때문에 어떤 상황에서도 가격이나 조건을 정확히 이야기한 다음에 교환해야 한다. 만약 상대방이 당신에게 소폭의 양보를 요청했다면 당신도 동등한 것을 요구해야 한다. 이것이 바로 '교환'이다. 그렇다면 이렇게 교환을 진행해야 할 이유는 무엇일까?

첫째, 협상과정에서 정말로 그 조건이 필요하기 때문이다.

상대방이 당신에게 가격을 낮춰달라고 할 때, 가격을 깎아주는 대신 수량을 늘리는 조건을 내민다면 상대방을 받아들일 것이다.

둘째, 상대방의 조건을 받아들이면서 동시에 당신이 양보한 부분의 가치를 높여야 하기 때문이다. 상대방의 요구를 받아들이면서 당신이 제시한 조건이 수용되지 않는다면 양보를 할 필요가 없다.

셋째, 조건의 교환을 통해 상대방에게 조금씩 갉아 먹히다 통째로 잡아먹히는 상황을 피할 수 있다. 상대방이 첫 번째 요구를 할 때, 만약 당신이 아무런 이의도 제기하고 받아들인다면 상대방은 두 번째, 세 번째 요구를 계속할 것이다.

다음은 조금씩 갉아먹으면서 어느새 다 먹어버리는 협상 전략에 대해 이야기해보자.

끊임없이 뽕잎을 갉아먹는 누에는 입이 아주 작아서 한 입 베어 먹어도 별로 티도 나지 않는다. 하지만 어느 순간에 보면 뽕잎은 금방 동이 난다. 가만히 지켜보고 있으면 공포스럽기까지 하다. 그 작은 입으로 한 입 두입 먹다가 결국에는 통째로 집어삼키는….

이처럼 조금씩 티도 안 나게 갉아먹다가 결국엔 통째로 다 먹어버리는 방법은 협상에서 활용할 수 있는 기술이다. 작은 요구를 한 번, 두 번 계속하다보면 결국에는 무수한 작은 요구들이 쌓여 커다란 요구로 변해버리고 만다.

이 방법은 두 가지 장점이 있다.

하나는 당신의 계약이 더 좋은 조건으로 바뀌어 더 많은 이익이 생기는 것이고, 또 하나는 상대방이 답하기 전에 답을 하지 않아도 된다는 것이다.

예>>

고등학교 3학년 여학생이 있다. 그녀는 고등학교 졸업여행을 가게 되서 아버지와 협상을 시작했다.

"아빠! 우리 학교에서 졸업여행을 가는데요, 선생님 말씀이 반드시 가야한대요. 만약 안가면 졸업을 안 시켜 준대요."

주목할 것은, 그녀는 일단 직접적으로 요구 조건을 이야기하지 않고, 졸업여행을 가지 않으면 졸업을 하지 못한다는 말로 상황을 유리하게 만들었다는 것이다. 물론 그런 일은 없지만 중요성을 강조하는 데 큰 도움이 된다. 그런 다음 그녀는 말했다.

"그러니까 졸업하려면 꼭 가야해요. 근데 비용이 300달러래요."

졸업을 못할 리야 없다는 것을 알지만 아빠는 두 말 않고 300달러를 준다.

첫 번째 요구는 이렇게 관철되었다.

일주일이 지나 다시 아빠에게 말한다.

"아빠. 선생님이 그러시는데 졸업여행 때 한 사람 당 적어도 100달러는 가져가야 한대요. 여행 스케줄에 포함되지 않은 게 있거든요. 놀이동산이랑 기차 타는 데 따로 돈을 내야 하는데, 선생님이 우리는 한반이니 모두 함께 해야 한다고 하셨거든요. 약속했는데 저만 안 가져가면 어떡해요."

아빠는 다시 흔쾌히 100달러를 주었다.

여행 떠나기 전날, 그녀와 아빠와 마지막 협상을 했다.

"아빠! 짐 꾸리다 보니 여행 가방이 고장 났지 뭐예요. 이런 가방으로는 여행을 갈 수가 없어요. 아빠! 제가 싼 걸로 알아봤는데요, 70달러면 될 것 같아요."

여러분이 주목해야 할 것은 만약 그녀가 3가지 요구조건을 한꺼번에 말했다면, 약 500달러의 비용을 한 번에 달라고 했다면 아마 조금 어려웠을 것이다. 하지만 영리한 그녀는 하나씩 하나씩 적당한 시기에 이유를 대며 요구했고, 결국 모든 것을 수월하게 이루었다.

필자의 딸 역시 협상에 재능이 있다.

"아빠! 전화 빌려줘서 고마워요! 아빠가 최고예요. 뽀뽀해 드릴게요."

내가 전화를 빌려준다는 동의도 하기 전에 딸아이는 동의한다는 가정을 세우고 먼저 감사의 말을 하고 전화를 가져가 버리곤 한다.

때로는 아이들이 어른보다 대단하다. 그렇게 딸아이의 요구에 아무런 제지를 하지 않으면 그 일은 계속 일어날 것이고, 전화를 사용하는 횟수와 시간은 점점 더 늘어날 것이다.

이처럼 처음에는 별것 아닌 작은 일이지만 갈수록 점점 더 커진다.

예 ≫

미장원에서 머리를 하다보면 다음과 같은 일을 경험할 때가 있다.

"두피가 일어났네요. 어깨에도 떨어져 있고. 두피가 많이 상했어요. 손님! 샴푸 바꿔야 되겠어요. 좋은 샴푸 소개해 드려요?"

이렇게 듣다보면 매정하게 거절하지 못하고 그리 비싸지 않으면 샴푸 하나를 사게 된다.

"어머, 머리가 많이 상했어요. 갈라지고 색깔도 변했고, 푸석푸석해서 머리가 들뜨죠?"

이렇게 말하면 다시 머리 영양 상태에 걱정이 생기고, 결국 추천해준 영양액을 쓰게 된다.

머리를 하다 또 흰머리가 보이면 염색에 대해 고민을 하게 되고….

결국 미용실을 나올 때쯤이면 처음 예상과 달리 이것저것 하다 보니 예산을 훌쩍 넘긴 적이 있을 것이다. 별로 기분 나쁜 이야기도 아니었고 비싼 가격도 아니라 대수롭지 않게 받아들였는데, 마지막에 비용을 보면 갑자기 당한 기분이 들기도 한다.

미용실 직원은 처음부터 비듬치료나 영양액, 염색을 한 번에 말하지 않았다. 그녀는 상황에 맞게 자연스럽게 하나씩 하나씩 천천히 자신의 목적을 이루었다.

따라서 처음에는 큰 요구를 하지 말고 우선 작은 요구로 시작해야 한다.

사람들은 보통 결정 전에는 고민과 갈등을 하지만 일단 결정을 하고 나면 그냥 밀고 나가려 한다. 그 이유는 자기가 내린 결정이 잘못된 것이라는 것을 인정하기 싫어하기 때문이다. 사람들이 협상이 성사되기 직전에 가장 약해지는 것도 이 때문이다. 이제 계약서에 사인만 남은 단계에서 상대방이 아주 작은 요구들을 한다면, 계약 성사라는 중요한 일을 앞에 두고 있기 때문에 큰 일이 아니라면 대부분 들어주고 만다. 원래는 불가능했던 문제들을 사인 직전에 요구한다면 들어줄 가능성이 몇 배는 커지는 것이다. 당신이나 상대방 누구나 마찬가지다. 따라서 상대방의 양보 요구를 적절하게 조절하기 위해서는 다음의 몇 가지 방법에 유의해야 한다.

첫째, 예정되지 않은 그 어떤 양보 요구에 대해서도 상대방 역시 상응하는 대가를 지불해야 한다는 내용을 확인해야 한다.

상대방이 납기일을 당겨 달라 한다면 그 기간을 맞추기 위해 필요한 야근비용을 부담한다는 조건을 달거나, 가격을 깎아달라고 요구한다면 일정 수량 이상 구입할 경우 깎아준다는 등 상응하는 요구를 분명하게 말해야 한다.

둘째, 양보 요구에 대해 혼자 결정권을 행사하지 말라.

만약 정말로 상대방에 요구를 들어줄 상황이 아니거나 들어주고 싶지 않을 때는, 상황의 결정권이 없음을 말하고 상사와 상의하겠다고 시간을 벌어 현장에서 바로 최후 결정을 해야 하는 상황을 피해야 한다.

협상에 참가할 때 결정권이 있는 사람이 누구인지 상대방이 알게 해서는 안 된다. 만약 누가 결정권이 있는지 알게 되면 모든 사람들이 그 사람만 집중 공격할 것이다.

협상에 있어서 상대방의 요구를 거절할 상황일 때는 완곡하고 부드럽지만 단호하게 말해야 하고, 특히 협상 타결 직전에 상대방이 불합리한 요구를 하지 않게 해야 한다. 그러나 반대로 원래대로라면 받아들여지지 않을 요구를 협상 타결 직전에 제시함으로써 의외의 결과를 얻을 수 있다. 받아들여지지 않았던 요구조건을 다시 요구하며 상대방을 설득할 때 가장 중요한 것은 타이밍(시기)으로, 확실한 때를 잡아야 한다.

사람은 보통 3가지 상황에서 이성적으로 약해지는데, 그것은 막 성공했을 때, 실패했을 때 그리고 믿고 있을 때이다. 이 3가지 상황에서는 사람들은 이성적으로 약해져서 감성적으로 쉽게 받아들인다.

어떤 사람이 막 어떤 일로 1억 원 정도를 벌었다. 이때 그는 돈 버는 일이 아주 쉽고 자신이 운이 좋다고 생각하고 있을 때다. 만약 당신이 이때 이 사람에게 어떤 아이템을 이야기하며 1000만원을 투자하라고 한다면 그는 이번에도 돈을 벌 수 있을 거라는 생각에 쉽게 투자할 것이다.

이처럼 막 성공했을 때와 마찬가지로 실패했을 때도 약해진다.

당신은 지금 아무 것도 없는데 어떤 사람이 와서 자기를 위해 일해주

2장_
유리한 협상을 위한 중간단계의 전략과 전술

면 200만원을 빌려준다고 한다면, 당신은 아마 지푸라기를 잡는 심정으로 그의 제안을 받아들일 것이다.

또 지금껏 당신을 한 번도 속인 적이 없고 당신이 가장 믿는 사람이 무언가 부탁한다면, 당신의 무엇이든 받아들일 것이다. 그의 부탁은 작은 것으로 시작해 점차 커지고, 당신의 무조건적인 믿음은 나중에 당신의 손해로 남을 수도 있다.

조금씩 갉아먹다 꿀꺽 다 삼켜버리는 독식전술의 핵심을 정리해보자.
1. 시기를 잘 선택한다면 원래는 얻을 수 없었던 것을 얻을 수 있다.
2. 상대방은 마지막 결정을 앞에 두었을 때는 마음이 바뀔 수도 있다. 그들은 처음에는 거부하겠지만, 마지막 사인만 남겨둔 상황에서는 요구를 받아들일 수도 있다.

예 >>

얼마 전 싱가포르에 갔다가 휴대폰 가격이 타이완보다 30% 이상 싸다는 것을 알고 하나 구입하게 되었다. 휴대폰을 30%나 싸게 사서 기분이 좋았는데, 판매원은 충전지는 소모품이니 필요하다면서 추가로 2개를 더 살 것을 충고했다.

"자주 사용해서 어차피 필요하니 여러 개 두고 쓰는 것이 좋을 거예요. 분명 쌀 테니 아마 이익일거예요."

나는 휴대폰이 30%나 싸니까 충전지도 분명 쌀 거라 생각해서 그렇게 했다. 그런데 돌아와 보니 충전지는 타이완보다 두 배나 비쌌다. 결국 휴대폰으로 남긴 이익은 충전지 사는 데 고스란히 들어가 버렸다.

이처럼 막 일이 성사되었을 때 이성적 판단이 흐려지기 마련이다. 따라서 당신이 요구할 때는 주도적으로 끊임없이 요구해야 하고, 반대일 경우에는 상대방의 끊임없는 요구를 효과적으로 제어해야 한다. 그 방법으로 효과적인 것이 바로 조건의 교환이다. 상대방이 무언가 요구를 하면 당신도 상응하는 요구를 해야 하고, 지나친 요구에는 단호하게 거부의사를 밝혀 끌려 다니지 말아야 한다.

전체 협상이 끝나고 나서 협상과정에서 논의되지 않았던 요구는 한두 개 이상 해서는 안 된다. 또한 사인 직전에는 그것을 빌미로 또 다른 요구를 해서는 안 된다. 물론 협상에서 이익을 얻는 것이 가장 중요하지만, 비합리적이고 비도덕적인 행동은 비즈니스계에서는 금물이다. 협상을 마치고 계약서에 사인을 마친 마당에 그 몇 마디의 요구로 상대방에게 나쁜 인상을 심어줘서 좋을 게 무엇이 있겠는가!

02 우세한 협상을 위한 기본 원칙

앞에서 우리는 협상이 무엇이고, 왜 협상이 필요하며, 협상이 어떻게 우리에게 이익을 가져다주는지와, 협상과정에서 이용할 수 있는 몇 가지 전략과 방법들에 대해 알아보았다.

이번 장에서는 우세한 협상을 위한 기본 원칙에 대해 이야기해보자.

좋은 협상이란 가지고 있는 역량을 적절하게 잘 배치하고 사용해 최대의 효과를 발휘하게 하는 것이며, 협상과정 전체가 원만하게 진행되어 이후에도 계속 함께 할 수 있는 관계가 만들어지는 것이다.

첫째, 좋은 협상을 이루기 위해서는 다음의 몇 가지 중요한 원칙을 지켜야 한다.

1. 협상은 쌍방 모두가 이익을 얻은 WIN-WIN임을 잊지 말라.

협상은 쌍방 모두의 이익을 고려해야 한다. 어떤 상황에서도 자신의 이익만을 생각하지 말고, 자신의 이익을 보호하는 동시에 상대방의 이익도 생각해야 한다.

2. 협상의 기교를 충분히 숙지하고 활용해야 한다.

협상의 기교를 잘 알고 활용할 수 있어야 협상에서 자신의 이익을 보장할 수 있다. 협상에서 얻어지는 모든 이익은 순이익이라는 것을 잊지 말라!

3. 협상의 기술을 끊임없이 익히고 연습해야 한다.

반복적인 연습을 통해서만 이론을 현실에서 실천할 수 있고, 협상의 기술들을 발전시킬 수 있다. 때문에 연습하고, 연습하고 또 연습해야만 한다.

필자도 예전에는 협상을 별로 좋아하지 않았고, 잘 하지도 못해서 협상에 임하는 것을 두려워했었다. 또 협상이 부끄러운 일이고 체면을 깎는 일이라 여겼다. 다른 사람들과 돈에 관해 이야기하는 일이 마치 돈이 없는 사람이나 쫀쫀한 사람들이나 하는 일이라 얕잡아봤다.

실제로 많은 사람들이 돈 문제에 대해 민감하게 이야기하는 것을 꺼리는데, 만약 협상을 통해 확실한 이득이 생기거나 비용을 줄일 수 있고, 거기서 얻는 이익으로 다른 좋은 일에 쓴다면 좋은 일이 아니겠는가? 따라서 절대로 협상이 체면을 깎는 일이라 생각하지 말고 세련되고 원숙한 협상의 기술을 익혀야 한다.

사실 일상생활에서도 얼마든지 협상의 기술을 연습할 수 있다.

가정주부라면 시장에서 반찬거리를 살 때 덤을 달라거나 깎아달라고 하는 일도 협상의 기술이다. 또 비행기나 기차를 탈 때 연착되거나 문제가 있는 경우에도 그냥 포기하지 말고 협상을 통해 배상을 받거나 할 수 있다.

이처럼 일상생활에서 당신에게 권리가 있고 분명한 논거가 있고 보편적으로 인정할 수 있는 일이라면, 절대로 그냥 포기하지 말고 협상을 통해 자신의 이익을 보호해야 한다.

예≫

강연 때문에 네덜란드 암스테르담에 갔을 때의 일이다.

암스테르담 공항에 도착해보니 홍콩에서 비행기를 탈 때 내 짐이 실리지 않은 것이었다. 나는 일등석을 탔기 때문에 짐을 부치는 일도 항공사가 모두 처리했는데 실수가 발생한 것이다. 공항에서 짐 때문에 나는 1시간 이상 기다려야 했고, 항공사 관계자는 빨리 알았지만 내게 늦게 통지해주었다. 따라서 나는 관련된 승객 권리에 따라 항공사 직원에게 짐이 도착하면 바로 호텔로 가져다 달라 요구했다. 그런데 홍콩에서 암스테르담 행 비행기는 하루에 한번 밖에 뜨지 않아 내일 아침 7시에야 도착하는데 나는 내일 정오에 암스테르담을 떠난다. 내일 아침에 짐을 호텔에 갖다 준다 해도 오늘 밤 필요한 것들(세면도구, 속옷 등)과, 오늘 저녁 있을 강연에 입을 양복과 넥타이 구두 등은 하나도 없는 것이다. 짐이 도착하지 않아서 발생한 손실에 대해 나는 항공사에 이렇게 요구했다.

첫째, 짐이 도착하는 즉시 호텔로 보내줄 것.

둘째, 저녁에 강연에 입을 양복 등의 구입비용을 항공사에서 부담할 것.

셋째, 저녁에 필요한 세면도구 일체도 항공사에서 준비할 것.

넷째, 내일 비행기를 탈 때 어떤 문제도 일어나지 않을 것을 보장할 것. 비행기가 연착하거나 짐이 도착하지 않거나 하는 일이 또 일어난다면 훨씬 더 많은 배상을 요구할 것이다.

마지막으로 이번 일 때문에 스트레스를 받았기 때문에 암스테르담에서 술과 식사비용도 그들에게 요구했다.

이번 일로 나는 물질적 손해는 물론 정신적으로도 스트레스를 받았기 때문에 내가 생각할 수 있는 모든 것을 그들에게 요구했다.

다행히 협상은 잘 돼서 내가 산 양복과 넥타이, 구두비용은 물론 식사비용도 항공사에서 다 부담했고, 홍콩에 돌아와서는 300달러의 위로금도 따로 받았다.

어떤 일이나 당신의 권리 주장이 합당하다면 절대로 포기해서는 안 된다.

그러나 평소에 협상을 위한 연습을 하지 않아 협상하는 것을 두려워한다면, 협상을 통해 얻고자 하는 것을 얻을 수 없다. 끊임없는 연습과 훈련을 통해야만 자신의 이익과 권리를 지킬 수 있고 남이 쳐놓은 그물을 피할 수 있다.

>>

예전에 나는 다른 사람의 권고에 의해 집을 한 채 산 적이 있다. 잡지사 편집장으로 있을 때 알고 지내던 교장선생님이 전화를 해왔다.

"이보게, 자네 하는 일은 조용한 공간이 필요하지 않나? 도시에서 살면 얼마나 정신이 없겠나. 내가 자네를 위해 집을 하나 봐두었는데 정말 조용하고 좋다네. 한번 가 보겠나?"

결국 그 교장선생님을 따라 가보았고, 그는 다시 한 번 집의 장점에 대해 설명해 주었다.

"여기 정말 조용하지 않나? 게다가 뒤에는 산이고 앞에는 물이 있는 '배산임수'로 천하의 명당일세. 도시와도 그리 멀리 않으니 얼마나 좋은가!"

여기서 주의할 것은 앞에서 말한 3가지는 모두 협상 상대방이 꺼내든 좋은 점이다.

그러나 뒤에 있는 산이 토산이어서 비가 오면 진흙이 흘러내릴 수 있다는 것을 말해주지 않았고, 앞에 있는 작은 개천은 비가 많이 오면 넘친다는 것도 말해주지 않았고, 도시와 멀지 않다고 했지만 실은 시내에서 1시간이 넘었다.

하지만 나중에 나는 결국 그 집을 샀는데, 앞에 지적한 상황을 그때는 몰랐기도 했지만 그가 감정에 호소했기 때문이었다.

"이보게, 자네는 강연으로 여기저기 다니니 외국에도 친구가 많지 않겠나? 그들이 온다면 복잡한 도시보다는 조용한 곳에 묵게 하는 것이 좋고, 또 이왕 집을 사려면 이 집을 사게나. 이 집 주인은 남편과 헤어져 아이와 혼자 살고 있다네. 이혼하면서 남편이 이 집을 줬지만 대출도 많고 무엇보다 아픈 기억이 있는 이곳을 떠나고 싶어 한다네. 이 집을 팔아 대출만 갚을 수 있다면 아무것도 필요 없다 하네. 자네 하는 일에 집이 필요하니 이왕 집을 사려면 남도 도와주고, 어떤가?"

그의 말에 나는 내가 집을 산다는 것을 잊고 남을 도와주는 좋은 일을 한다는 것만 생각해 결국 집을 샀다. 그리고 그 집은 너무 멀어서 친구들이 와도 묵게 하기 불편해 나 역시 한 번도 가지 않고 방치해 두었다. 이성적 판단을 상실해 엄청난 손해를 봤고, 그 이후 나는 협상에 대해 열심히 훈련했다.

또 한 번은 별장을 살 때였다. 이것 역시 다른 사람의 권고로 사게 됐는데, 상대방은 320,000달러를 말했고 협상을 통해 245,000달러에 구입할 수 있었다. 그때는 내가 협상을 성공적으로 했다고 스스로 아주 대견해했었다.

지하철과도 가깝고 외관도 멋지니 별 문제도 없고, 더 중요하게는 나는 260,000달러면 산다고 생각했는데 그보다 15,000달러를 더 낮췄으니 성공했다고 생각했다.

집 주인 아내가 미국에 있어 결정을 기다리고 있는 어느 날 밤 소개한 사람에게 전화가 왔다.

"린선생, 지금 집주인이 미국에 있는 부인과 통화가 됐다고 합니다. 팔 것 같으니 얼른 와서 계약하시지요."

새벽 1시 반에 가면서 나는 지금이 한밤중이라 상대방이 아마 정신이 맑지 못할 테니 분명 내 뜻대로 집을 살 수 있을 거라 생각했다. 그리고 정말 내가 처음 말한 245,000달러에 집을 살 수 있었다.

앞에서 말했듯이 처음 시작 가격을 상대방이 바로 수용할 때는 분명 문제가 있다는 것이다. 나중에 보통 230,000달러면 거래가 되는데 나는 15,000달러나 더 주고 산 것을 알았다. 남의 말만 믿고 전면적으로 살펴보지 않은 대가로 나는 또 손해를 보고 말았다.

우세한 협상을 위한 기본 원칙 두 번째는, 어떤 상황이든 당신의 중심목표에 초점을 맞춰야 한다는 것이다.

협상의 의제는 당신의 중심 목표를 벗어나서는 안 된다. 의제가 당신의 목표를 벗어나게 되면 상대방에게 끌려갈 수밖에 없다. 협상의 고수들은 엄청나게 많다. 그들은 갖가지 방법으로 당신을 방해하고 간섭하고 흔들어서 당신의 목표를 잊게 만들어버리고, 그 결과 협상은 참패로 끝난다.

선거 유세 과정에서 가장 중요한 것은 어떻게 논제를 찾아 거기에 초점을 맞추느냐 하는 것이다.

대외적으로 아주 바르고 청렴한 인상을 갖고 있는 사람이 있었다. 그가 선거에 나오자 상대방은 확실한 증거도 없이 고의적으로 그가 부패하다고 소문을 퍼트렸다. 그 근거 없는 소문 때문에 그는 잘 가꾸어놓은 바른 인상이 무너지고 선거 득표에 큰 영향을 받게 되었다.

그가 실패한 이유는,

첫째, 그는 어떻게 대응해야 할지, 사람들의 관심을 자신의 원래 핵심

전략인 청렴한 모습으로 돌려 자신의 장점과 업적을 부각시키는 방법을 몰랐다. 오히려 그는 하루 종일 기자회견을 열어 자신은 부패하지 않았다고 강조하는 바람에 사람들의 관심은 더욱 부패 쪽으로 쏠렸다. 그럴 시간에 그는 상대방의 정보를 수집해야 했다.

둘째, 기자회견을 한 시간만큼은, 그는 사람들에게 자신의 장점이 무엇이고 업적이 무엇임을 강조하는 동시에, 상대방이 말한 것 중 무엇이 진실이고 무엇이 거짓인지 확실히 밝히고 근거를 따져 물어야 했다. 하지만 그는 하루 종일 사람들의 반응에 쫓아다녔고, 결국 모든 초점은 부패에만 맞춰졌다. 결국 그는 다른 사람이 쳐 놓은 그물에 걸려 자신의 핵심 선거 전략에서 벗어나는 바람에 실패를 하고 만 것이다.

또 하나 테니스를 예로 들어보자.

세계적인 테니스 선수들의 경기를 보면 서브를 넣거나 공을 치면서 크게 기합이나 고함을 치는 것을 볼 수 있다. 심지어 라켓에 공이 맞지 않았는데도 크게 기합을 넣는다. 그냥 공이나 열심히 받아치면 되지 왜 소리를 지르는 걸까? 그것은 일종의 전술이다. 소리로 상대방의 기를 누르거나, 설사 공을 치지 않았음에도 소리를 질러 상대방의 판단과 동작의 착오를 불러일으키게 하는 것이다.

테니스 경험이 많지 않은 사람들은 시합에서 이런 기세 과시에 쉽게 영향을 받아 위축될 수 있다. 따라서 테니스를 칠 때는 아무것도 생각하지 말고 오로지 공만 보아야 한다. 테니스 경기에서 중점은 공을 맞추는 것이다. 상대방이 아무리 소리나 동작으로 방해를 해도 거기에 흔들리면 안 된다. 농구 경기를 봐도 슛을 할 경우 앞에서 다른 선수들이 블로킹이나 페인트 모션으로 온갖 방해를 하지만, 공에 집중한 선수는 분명 골인시키고 만다. 협상 역시 마찬가지다. 협상에서도 상대방의 행동이나 말에 영향을 받지 말고 오로지 의제에만 집중해야 한다.

덧붙여 협상의 과정에서 잘 활용해야 할 6가지 힘(역량)을 기억하라.

첫째, 규정의 힘

둘째, 격려의 힘

셋째, 제압의 힘

넷째, 전도의 힘

다섯째, 사람을 끄는 힘

여섯째, 전문성의 힘

이 6가지 힘은 대단히 중요하므로, 이것을 잘 운영하면 협상은 보다 효율적이 되고 기대이상의 이익을 가져다 줄 것이다.

규정의 힘은 다른 말로 하면 합법의 힘이다. 합법의 힘은 높은 직책을 갖거나 책임 있는 발언을 할 수 있는 힘을 가진 것으로, 협상에서 당당할 수 있는 힘을 갖는다. 예를 들어 협상에 임하는데 상대방이 건넨 명함을 보니 사장이었다. 그렇다면 협상 상대가 사장이라면 좋은 일일까 나쁜 일일까? 상대방이 최고 결정권을 가졌다는 점에서 좋은 일이다. 반면에 협상 상대가 일반 직원이라면 그가 결정을 할 수 없다는 점에서 좋은 일은 아니다. 협상에서 기억해 둘 것은, 만약 상대가 사장이나 높은 직책의 사람이라면 그가 결정권을 가졌다는 것을 인식시켜주고, 상대방이 낮은 직책의 사람이라면 그에게 협상의 대표로 왔으니 과감하게 결정할 수 있다고 격려해야 한다.

 >>

오늘 협상 상대 Mr.김의 직책은 대리이다. 핵심 사안에 대해 깊이 들어가면 그는 자신은 결정권이 없다면서 자꾸 협상을 지연시키고 있다. 이럴 때는 어떻게 대처해야 할까?

"김대리님, 듣자하니 아주 신임이 두터우시더군요. 지금까지 협상에 참가해서 언제나 좋은 결과를 이끌어냈기 때문에 오늘도 이렇게 중요한 협상에 대표자격으로 오셨다고 들었습니다. 그러니 분명 이 협상에서 다루는 문제에 대해 결정할 수 있다고 생각합니다. 만약 결정권이 없다면 회사에 돌아가 사장님과 기타 임원들에게 좋은 결과가 있도록 잘 설명하고 이해시킬 수 있을 거라 믿습니다."

이렇게 낮은 직책의 사람이라도 결정권이 없다고 무시하지 말고 상대방을 격려하고 인정해 협상을 원활하게 이끌어가야 한다.

당신보다 낮은 직책이라면 당신의 높은 직위를 이용해 상대방을 어느 정도 제압해야 한다. 예를 들어 당신은 사장인데 상대방은 대리급이라면, 협상에서 가능하면 교훈적인 어조로 말하는 것이 유리하다.

또한 환경의 우세함을 활용하려면 협상을 당신의 회사나 당신이 익숙한 곳에서 하는 것이 좋다. 정보나 자료를 얻기 편리하고, 모든 상황을 당신이 주도하기 쉽기 때문이다. 자신의 환경에서 주도권을 가질 수 있고, 무엇보다 상대방이 오는 동안 자료를 준비할 수 있고 협상 중에도 언제든 필요한 것을 손쉽게 얻을 수 있기 때문이다.

만약 당신 분야에서 확실한 위치를 갖고 있고, 그 업계에서 누구나 인정하는 힘을 갖고 있다면 협상 전에 이미 대단한 효과와 이익을 만들어낼 수 있다. 그 자체만으로 이미 협상에서 유리한 자리와 위치를 차지하게 된다. 사람들이 자신을 소개하거나 명함에 수많은 직함과 명예직을 적어놓는 것도 바로 그런 이유 때문이다.

직권, 환경, 위치를 잘 활용하는 것은 협상을 순조롭게 이끄는 지름길이라는 것을 기억해 두어야 한다.

덧붙여 주목해야 할 것은 도덕의 힘이다. 간단히 말하면 원칙을 지키라는 것이다. 예를 들어 협상을 시작하자마자, '가격은 절대로 깎을 수 없습니다.'라고 해놓고 얼마 안 가 가격을 낮춰준다면 당신은 그 즉시 협상에서 피동적이 되고 만다.

선거유세에서 부시는, '내 입을 읽어라! 절대 세금을 올리지 않겠다.'고 말했지만 대통령에 당선되자마자 바로 세금을 올렸다. 이 일로 부시는 미국 국민의 신임을 많이 잃었다. 이렇게 지키지 못할 약속으로 그 사람의 가치관이나 기준이 무너지고 마는 것이다. 따라서 일단 말을 했으면 반드시 지키고, 결정했으면 어떤 난관이 와도 밀고 나가야 한다.

우수한 협상가들을 보면 4가지 공통점이 있는데, 앞에 말한 6가지 힘과 비슷하다.

첫째, 규정의 힘. 협상을 이끌고 책임질 수 있는 힘을 가졌다.

둘째, 격려의 힘. 다른 사람에게 좋은 영향이나 결과를 줄 수 있는 힘을 가졌다.

셋째, 도덕의 힘. 어떤 상황이나 일에서도 같은 원칙을 말하고, 어떤 상황에서도 지킨다.

넷째, 사람을 끄는 힘.

여기에 전문적 힘과 환경을 다룰 수 있는 힘과 정보 수집의 힘을 가졌다면, 그는 진정한 협상 전문가이다.

03 각기 다른 협상 스타일을 파악하라!

협상에 임하는 모든 사람들은 모두 각자의 스타일을 가지고 있고, 상황이나 상대에 따라 여러 가지 협상 기술을 사용한다. 따라서 보다 많은 협상 기술들을 익혀 다양한 상황과 대상에 따라 적절하게 사용하는 것이 성공적인 협상의 기본이다.

옛말에 '내가 원하지 않는 것은 다른 사람도 원하지 않는다.'라는 말이 있는데, 사실 이는 반만 맞는 말이다. 당신이 원하지 않는다고 다른 사람도 100% 원하지 않는 것은 아니다.

예를 들어 내가 상대방의 칭찬과 격려가 필요 없다고, 상대방도 나의 격려가 필요 없는 것은 아니다. 내가 접대를 싫어한다고 해서 다른 사람도 싫어하는 것은 아니다. 내가 수학적 개념이 떨어진다고 다른 사람도 별로 신경 쓰지 않는 것은 아니다. 때문에 협상에 있어서는 앞의 말을, '사람은 누구나 원하는 것이 있고, 그것은 사람에 따라 다르다.'라고 바꿔야 할 것이다. 즉 협상을 할 때 먼저 상대방이 어떤 스타일의 사람인지 이해해야 한다는 것이다.

고객의 성격, 취향, 스타일은 두 가지 방면에서 분석할 수 있다.

하나는 그가 과단성이 있는가 없는가, 적극적인가 수동적인가, 강한 성격인가 아닌가 하는 점이고, 다른 하나는 감성적인 측면에서 사람위주인가 아니면 일 위주인가 하는 점이다. 하나는 일의 측면에서, 하나는 사람 됨됨이의 측면에서 보는 것이다.

협상 대상을 이렇게 두 가지 측면에서 분석하면 그의 협상 스타일을 이해할 수 있다. 일반적으로 과단형(果斷型)의 사람은 다음의 몇 가지 특징을 갖는다.

1. 협상을 빨리 진행하려고 한다.

2. 결정도 빠르게 내린다. 이런 사람은 속전속결로 결단을 내리고 문제가 발생해도 신속하게 해결하려 한다.

3. 다른 사람을 설득하는 것을 좋아한다. 과단형의 상대를 만났다면, 협상에 있어서 문제가 생기면 그에게 결정권을 주는 것이 좋다.

4. 일을 빨리 처리하려 하기 때문에 한 가지 일에 집중하는 시간이 짧다.

따라서 이런 상대와 협상을 하려면 짧은 시간 내에 인상을 남기고 보조를 맞추지 않으면 금방 흥미를 잃고 만다.

필자도 과단형의 고객을 만난 적이 있다.

어느 날 강의를 하고 있는데, 강의를 듣고 있던 한 고객이 갑자기 이렇게 말했다.

"선생님! 강의가 너무 마음에 드는데 이렇게 하면 어떨까요? 제가 촬영기사와 감독을 섭외할 테니 영상으로 제작하는 겁니다. 관련 장비와 촬영팀은 제가 바로 불러오겠습니다."

당시 그곳은 상하이였는데, 그는 베이징으로 전화를 걸어 일을 추진하려고 했다.

그때 나는 망설이며 그를 말렸다. 촬영팀이 바로 온다면 그 동안에 원고나 기획 내용이 나오기 힘들 것 같았기 때문이다. 그때 내가 망설이며 그의 행동을 말렸기 때문에, 그 일은 한달 뒤에야 다시 새롭게 논의해서 시작할 수 있었다.

지금 그때 일을 그의 입장에서 생각해 보면, 그는 성의를 보였고 촬영팀과 장비들도 바로 불러올 수 있었는데, 내가 망설이는 것을 보고는 아마 이후에 나와 일을 하게 되면 또 이렇게 망설이고 늦어지는 게 아닌가 하는 생각에 잠시 포기했던 것 같다.

과단형의 사람이 가장 싫어하는 상대는 바로 결단이나 행동이 느린 만성형(慢性型) 사람이라, 일이 늦어지면 바로 포기하고 다시는 이야기하고 싶지 않아한다. 앞의 일도 당시에 내가 망설이는 바람에 그는 포기했고, 한 달이 지나서야 그를 설득해 다시 이야기할 수 있었다.

만약 당신이 이런 과단형의 사람을 만나게 되면, 협상과정에서 그가 어떤 결정을 하려 할 때 반드시 그의 주의력을 그 일에 집중하게 해서 바로 문제를 해결하고 결정해야 한다. 그렇지 않으면 그의 집중시간이 지나 다시는 그 문제에 관심을 두지 않게 된다.

과단형의 사람과 협상을 할 때는 그의 리듬과 속도에 맞추어야 한다. 이것이 첫 번째 핵심이다.

두 번째, 협상상대가 감성형의 사람인지 아닌지 파악해야 한다.

감성이 풍부하고 우뇌로 사고하는 사람이라면 창조력이 뛰어나고 다른 사람에 대한 관심이 풍부하다. 때문에 이런 사람과 협상을 한다면, 협상의 결과가 종종 조건과 가격의 높고 낮음이 아니라, 당신과 상대의 관계가 얼마나 밀접한가에 따라 달라진다. 최후의 결정을 일 자체로 결정하는 것이 아니라 감성적인 부분으로 결정하는 것이다.

사람은 뇌의 활용에 따라 두 종류로 나눌 수 있다. 우뇌로 사고하는 사람은 비교적 감성적이라 사람에 관심이 많고, 좌뇌로 사고하는 사람은 비교적 이성적이라 일에 관심이 많고 옳고 그름이 분명하다. 따라서 당신의 협상 상대가 좌뇌형인지 우뇌형인지 먼저 파악해야 한다.

손질하지 않은 듯한 머리 스타일에 수염을 길렀거나 자유롭게 옷을 입었다면 그는 감성형 인간으로 낭만적 성향이 강할 것이다. 또 깔끔한 양복을 입고 티 하나 없이 깨끗이 닦은 구두에 단정한 머리를 했다면 그는 이성형 인간이다.

말할 때 손동작이나 몸동작이 많고 표정이 풍부하다면 그는 감성형 인간으로, 이런 사람이 협상 대상이라면 우선 감성적인 부분으로 이야기를 시작하는 것이 좋다. 반면 이성형 인간이라면 바로 일적인 부분으로 시작해 대화를 이끌어나가는 것이 좋다.

사람마다 분명 특징이 있기 때문에 조금만 세밀하게 관찰한다면 그가 어떤 형의 사람인지 판단하는 것은 그리 어렵지 않으니, 협상 시작 전에 먼저 상대방의 성향에 대해 분석해야 한다.

좀 더 깊이 들어가 보면 협상대상을 크게 4종류의 스타일로 나눌 수 있다. 첫 번째 스타일은 과단형이면서 이성적인 사람으로, 실리형이다. 아주 과감하게 판단하면서 감정에 흔들리지 않는다. 두 번째 스타일은 과단형이지만 감정적인 사람으로, 외향형이다. 세 번째 스타일은 신중하면서 감정적인 사람으로 화합형이라 할 수 있다. 네 번째 스타일은 신중하면서 이성적인 사람으로, 분석형으로 분류된다.

첫 번째, 실리형.

실리형은 배우는 것을 좋아하고, 결과를 중시한다. 어떤 협상에서도 협상 이후 어떤 결과를 가져올지에 주목한다. 결과가 그가 원하는 것이라면 협상을 계속할 것이고 조건을 제시하지만, 자신이 원하는 것이 아니라면 그에게 어떤 조건을 제시하고 아무리 많은 것들을 주어도 아무 소용이 없다. 이런 형은 쓸데없는 수다나 농담을 시간 낭비라 여겨 아주 싫어하고, 어떤 일을 해도 분초를 다투어 하려하고 시간을 알차게 쓴다. 운전을 하더라도 영어 테이프를 들으며 공부하거나 고객과 전화 통화를 하는 등, 일을 시작했으면 끝을 보려하고 잠시도 쉬지 않고 일한다. 또 협상 미팅이 끝나도 결과가 궁금하거나 요구사항이 있으면 한밤중이라도 전화를 건다.

일반적인 이들의 협상 스타일을 보면,

1. 대화나 전화도 가려서 한다. 협상 시 중요한 인물이나 핵심인물들하고만 이야기를 한다.

2. 일에 대해 이야기할 때는 공식적인 자리나 회의실 같은 적합한 환경을 찾아서 한다.

3. 운동 중에서는 모든 걸 직접 참여하고 체험할 수 있는 골프를 좋아한다. 골프를 쳐도 보통 18홀 모두 돈다는 목표를 세우고, 고객들과 일 이야기를 하며 친다. 골프는 그들 생각에 운동도 하고 비즈니스를 할 수 있는 아주 실질적이고 훌륭한 운동이다.

4. 엄격하고 논리적으로 사고하므로 모든 결정은 사실과 명확한 근거가 밑바탕이 된다.

두 번째, 외향형.

외향형의 사람은 격려나 자극의 영향을 쉽게 받고 스스로도 남을 격려하는 것을 좋아한다. 사람들과 어울려 이야기나 농담하는 것을 좋아하고, 정서적이고 감성적인 이들은 숫자 개념이 떨어지는 편이라 수학을 좋아하지 않는다.

이들은 운동 경기를 봐도 운동 자체보다 열광적인 응원을 더 유심히 본다. 활기찬 함성과 시끌벅적한 분위기를 좋아해 무슨 일을 해도 언제나 여럿이 어울려 함께 하는 것을 좋아한다.

외향형의 협상스타일은,

1. 인간관계를 중시하고 개방적인 태도를 갖고 있다.

사람들과 어울리길 좋아하고 누구에게나 따뜻하고 친절하다. 직접적인 편이고, 싫다 좋다는 감정 표현에도 솔직하며, 다른 사람의 솔직한 표현도 있는 그대로 받아들인다.

2. 인간관계가 좋은 편이고 일의 결정 속도도 빠르다.

단, 논리적인 부분이 떨어지고 숫자개념이 약하다. 이런 형의 고객과 협상을 할 때는 일에 있어서 가능한 긍정적인 상황과 장밋빛 미래를 이야기해야 한다. 감성이 발달한 이들은 이후의 아름다운 미래를 상상하며 금방 호기심을 느낄 것이다.

마음이 동하면 무엇이든 쉽게 결정내리지만, 그렇지 않다면 아무것도 하지 않으므로, 외향형 고객과 협상을 할 때면 먼저 그들의 마음을 잡아 깊은 인상을 남겨주어야 한다.

세 번째, 화합형.

다른 말로 우애형이라 말할 만큼 타인과의 교류를 좋아한다. 인내심이 강하고 다른 사람을 알아가는 것을 좋아하고 주변 모든 사람에 관심이 많다. 목소리는 그렇게 크지 않고 사람들과 언쟁하는 것을 좋아하지 않는다. 여러 사람들과 함께 하는 것을 좋아하고 다수의 의견을 지지하며 함께 결정하는 스타일이다. 엄격하고 딱딱한 태도의 사람들을 불편해하고 큰 소리로 말하는 것을 좋아하지 않는다.

화합형은 보통 내성적이어서 주도적으로 나서는 것을 좋아하지 않는다. 일 처리 속도가 느린 편이므로 이들에게는 지나치게 과하거나 엄격한 요구는 피하는 것이 좋다.

화합형의 사람을 한 문장으로 표현하자면, '집안에 혼자 앉아서 밖에 한 번도 안 나가고 12시간 내내 뜨개질을 할 수 있고, 다른 사람을 위해 목도리를 떠주며 행복해 하는 사람'이다. 따라서 화합형 고객과 협상할 때는 이들이 당신을 도와주고 싶어 한다는 것을 알아야 한다.

이들의 특징을 정리해 보면,

1. 자신의 공간에서는 안정감을 느끼며 무엇이든 믿지만, 안전하다 느끼지 못하면 걱정과 의심이 많아진다.

2. 사람이든 일이든 모두 좋은 관계로 이어지기를 바란다.

화합형은 혼자 창업을 하거나 하는 일은 드물지만, 회사에서는 모든 일을 잘 처리하는 아주 성실한 직원이 되고 오랜 시간 한 회사에서 일하며 높은 자리에까지 오르는 사람들이 많다. 변화하는 것을 두려워하기 때문에 이들과 협상을 한다면 천천히 한 걸음씩 나아가 믿음을 주고, 상대방에게 관심을 갖고 있다는 것을 표현해야 한다.

네 번째, 분석형.

분석형 고객과 협상을 한다면 우선 완벽한 숫자 데이터와 자료를 많이 준비해야 한다. 그들은 과학자, 회계사, 변호사처럼 완벽한 근거와 자료를 보아야 당신과 이야기할 것이다. 만약 이런 자료들이 없다면 그들은 당신을 믿지 않을 것이다.

분석형은 조리가 없고 논리적이지 못하고 말하자마자 금방 잊어버리는 사람들도 싫어하지만, 가장 상극은 외향형의 사람들이다. 모든 것을 감정과 감각에 따르는 외향형과 정확한 데이터에 따라 일을 진행하고 무엇이든 확실하게 따지는 분석형은 완벽하게 반대이기 때문이다.

분석형의 사람들은 사람보다는 설비나 숫자, 근거를 믿기 때문에, 이들과 협상을 할 때 이런 자료들을 많이 준비하면 할수록 협상 성공의 가능성은 높아지고 자료가 어렵고 복잡할수록 오히려 좋아한다. 또, 호기심이 강하기 때문에 끊임없이 정보를 수집하면서도 판단을 내리는 데는 언제나 부족하다 여긴다.

엄격하고 약속을 잘 지키는 이들은 만약 당신이 약속에 늦는다면 몇 분 몇 초를 늦었고, 어느 방향으로 들어왔는지도 정확하게 기억할 것이다.

이들은 말에 대한 집중력이 짧아, 한 의제를 가지고 이야기하는 동안 벌써 다음 나올 이야기에 관해 생각하고 있을 테니, 분석형과 협상을 할 때는 가능하면 짧은 시간 내에 결정할 수 있도록 해야 한다.

정리해보면,

외향형의 사람은 시끌벅적하고 활기찬 분위기를 좋아하고 사람들에게 친절한 편이지만 모든 일에 있어서 속도가 느린 편이므로, 그들과 협상을 한다면 과감하고 명쾌한 태도를 보여 그들이 빨리 결정하도록 무언의 압력을 넣는 것이 좋다.

화합형의 사람은 부드럽고 온화한 편이니 그들을 보좌해주고 관심을 보이며 부드러운 방식으로 빨리 결정하도록 도와주어야 한다.

분석형의 사람은 집중력이 뛰어나고 한 가지 일에 몰두하는 편이라 어떤 상황에서도 주제에서 벗어나지 않는다. 따라서 그들과 협상할 때는 협상 사안에만 집중하고 토론해야만 좋은 결과를 얻을 수 있다.

'사람은 누구나 원하는 것이 있고, 그것은 사람에 따라 다르다.'란 말을 기억해야 한다.

당신은 아주 열정적인 사람이라 만나는 모든 사람마다 인사도 열정적으로 포옹을 한다. 하지만 당신의 그 열정적 포옹을 실리형 사람들은 받아들일 수 없고 당신을 경계할 것이다. 분석형 사람들 역시 당신의 그런 태도에 머릿속으로 계산기를 두드리며 당신의 태도를 분석할 것이다.

당신의 열정적이고 친근한 포옹은 외향형 사람에게는 효과적이다. 그들은 사람들과의 친밀한 접촉과 따뜻함을 좋아한다. 또 화합형 사람들 역시 사람들과 함께 하는 친밀감을 좋아해 그들에게도 효과를 발휘할 수 있다.

서양인들에게 포옹은 평범한 인사라고 생각하지만 실은 그렇지 않다. 외국인도 외향형이 있고 분석형이 있으니, 어떤 사람인지 먼저 이해한 후에 포옹을 하든 악수를 하든 해야 한다. 아무리 좋은 방법이라도 누구에게나 똑같이 적용할 수 있고 똑같은 효과를 얻는 것은 아님을 명심해야 한다.

덧붙여 실리형의 사람이 당신에게 돈을 쓴다고 해서 그것이 감정적인 부분에서 우러나온 것이라 생각해서는 안 된다. 그들이 돈을 쓴다면 그것이 가져올 좋은 결과나 목적을 이룰 수 있다는 기대감 때문이다.

나는 여러 상황에서 보건대 실리형의 사람이다.

예 >>

얼마 전에 나는 적지 않은 돈을 쓴 적이 있었는데, 내 아들조차 나더러 쓸데없이 돈을 낭비했다고 할 정도였다.

아들이 대학 시험을 앞두고 있는데, 어느 날 TV를 보다가 일본에서 개발된, 뇌에 산소를 보충해주는 약에 대한 광고를 보게 되었다. 광고에 의하면 인간의 뇌에 산소가 부족하면 머리가 나빠지고 기억력과 집중력이 떨어진다는 것이다.

아들 둔 부모라 관심을 갖게 됐고, 아들이 공부를 아무리 열심히 해도 기억하지 못한다면 문제가 될 것 같고, 영양액이니 크게 나쁠 것 같지 않고, 또 원래는 1병에 100만 원짜리인데 광고기간 동안 2병에 100만원에 주고, 점심 대용으로 먹을 수 있는 휴대용도 준다는 말에 결국 구입했다. 게다가 그들의 광고 내용이 아주 마음에 와 닿았다.

"이 영양액은 2병이면 충분합니다. 2병이면 뇌에 영양은 충분히 공급되니 더 마셔도 아무런 이익이 없으니 2병만 사십시오."

얼마나 실질적이고 정직한 광고인가? 뭘 팔려고 하는 사람들은 보통 더 많이 팔려고 하는데 2병만 사면 된다고 하니 신임이 더 갔다. 자료를 보니 이 약을 먹고 난 후 기억력은 3배에서 15배 이상 증가했다고 한다. 내 아들이 이 약을 먹고 기억력이 3배 이상 증가한다면 대학 합격은 떼논 당상이고, 15배 증가한다면 세계에서 1등이 될 것이다.

주문 전화를 하려고 하자 아들이 말렸다.

"아버지, 정말 사시려고요?"

"그래. 너랑 나랑 1병씩 나눠 먹자. 얼마나 좋은 약이니?"

그 결과 구입 후 그 약병은 식탁위에 그대로 놓여있다. 나도 먹지 않고 아들도 거들떠보지 않고 있다.

아들은 내가 과대광고에 속아 쓸데없이 돈을 낭비했다고 생각한다. 아들은 분석형이고 나는 실리형이다. 그런데 막상 구입해 놓고 보니 그 약은 조금도 실질적이지 않았다. 휴대용은 너무 커서 휴대할 수 없고, 늘 집에 없다 보니 먹는 것을 잊게 되고, 무엇보다 막상 받아보니 어떤 성분인지 믿을 수가 없어서 손도 대지 않게 된 것이다. 누구나 충동적인 결정을 한 적이 있겠지만, 그 당시의 구입 이유는 단순한 충동적 결정은 아니었고, 내 생각으로는 그 제품이 어느 정도의 목표를 이루어줄 수 있으리라 여겼기 때문이다. 즉, 아주 뛰어난 광고에 난 마음이 흔들렸고, 나뿐 아니라 어떤 형의 사람들도 흔들릴 수 있다는 것이다.

아까 그 제품의 광고 전문을 예로 들어보자.

그 광고에서 '기억력이 3배에서 15배까지 증가한다.'라는 구절은 나 같은 실리형을 위한 부분이고, '현재 전국의 모든 학생들이 이 제품을 사용한다.'는 외향형을 위해, '자신을 생각하지 말고 아이들을 생각해서'라는 부분은 화합형을 위해, '전문가의 실험을 거쳤고, 18개의 특허를 받았고, 사용한 후 뇌세포가 0.789%에서 1,245%가 개선되었다.'는 분석형을 위한 내용이다. 몇 줄 되지 않는 광고에서 4종류의 사람들을 위한 그물을 다 쳐둔 것이다.

물론 조금만 생각하면 그 광고 내용은 아무런 전문성도 근거도 없지만, 자꾸 듣다보면 믿게 되고 자신이 관심 있는 내용만 기억하고 집중하게 된다. 그래서 같은 말이라도 듣는 사람마다 각각 다른 정보를 취하기 때문에, 결국은 사람 유형에 상관없이 모두 사려는 흥미가 생기는 것이다. 따라서 상품 광고를 할 때도 일어날 수 있는 모든 상황에 맞추어 설정하고 만들어야 한다.

분석형의 사람들은 감정적으로 물건을 사는 일이 드물다. 그들이 무언가 산다면 그것은 정확한 숫자나 분명한 근거가 있을 때만 지갑을 연다.

이처럼 4종류의 사람들은 각각 성격이 다르듯 협상에서도 고유의 스타일을 갖고 있다. 그들의 협상 스타일을 자세히 분석해 보자.

첫 번째로, 실리형의 사람들은 한마디로 '늑대의 이빨을 드러내고 여기저기 뛰어다니는 투우사 같은 스타일'로 협상에 임한다.

이들은 어떤 상황에서도 적극적이고, 시작을 했으면 이겨야 끝을 내는 투우사와 같다. 이들은 협상에 임하면 전사처럼 승리의 투지를 불태운다. 그러나 협상에서 이들의 단점은, 주된 사항 하나에만 집착해 보느라 다른 부분은 소홀히 하고, 그 때문에 때때로 원하는 것은 얻지만 다른 곳에서 손해를 보기도 한다. 따라서 이들과 협상할 때는 이들의 편향성을 주의 깊게 살펴 그가 보지 못하는 다른 부분을 이용해 그곳에서 더 좋은 결과를 끌어내는 것이 좋다. 그가 주의 깊게 보는 사항은 양보를 해주면서, 그가 승리했다는 느낌을 갖도록 하는 것도 잊지 말아야 한다.

두 번째, 외향형의 사람들은 마음이 따뜻하고 열의가 있는 사람이고, 자신의 존재를 알리기 위해서라면 마이크라도 들고 다니며 선전할 사람이다. 열정적이라 쉽게 흥분하고, 때로는 일의 전후 사정보다는 사람을 더 중시하기 때문에 사고가 거시적이지 못하고 생각도 주도면밀하지 못한 편이다.

세 번째, 화합형의 사람들은 협상할 때 쉽게 '평화의 사신' 역할을 떠맡는 영원한 Mr.굿맨이다. 어떤 상황에서도 좋은 결과를 얻을 수 있다고 믿고, 나도 좋고 남도 좋고 다들 좋으면 만족하는 협상 평화파이다. 이들의 목표는 모두가 이기고 모두가 즐거운 협상이다. 이런 사람을 대할 때는 당신이 기분 좋고 행복하다는 것을 알게 하면 그들도 마찬가지로 행복해한다.

마지막으로 분석형. 이들은 회사에서 높은 자리에 쉽게 올라가며, 중재를 좋아한다. 일에 있어서도 옳고 그름, 좋고 나쁨, 선택 등을 그에게 맡기는 것이 좋다. 또 협상과정에서 자신의 중재를 통해 무언가 변화나 이익이 생기기를 원하므로, 모든 자료와 데이터는 가능하면 그에게 분석하게 하는 것이 좋다.

유형별로 협상의 목표도 분명하다. 실리형의 목표는 승리이고, 외향형의 목표는 모두들 자신을 주목하기를 바라므로 그의 존재를 주목해주어야 한다. 화합형은 공동의 협정을 얻는 것을 원하고 모두가 만족하는 결과를 얻는 것이 목적이다. 분석형은 어떤 상황에서도 명확한 근거와 질서가 있어야하고 그것에 따라 진행해야 만족하고 받아들인다.

'사람은 누구나 원하는 것이 있고, 그것은 사람에 따라 다르다.'

이 말을 기억하고 당신의 협상상대가 어떤 유형인지, 어떤 스타일로 협상에 임하는지 면밀히 관찰해 파악해야 좋은 협상 결과를 얻고, 이익을 보장할 수 있다.

04 세계 각국의 협상 스타일을 이해하라

　각 나라마다 각기 다른 협상 스타일이 있다. 어쩌면, '내가 다른 나라 사람들에 대해서 알 필요가 있나?'라고 생각할지도 모르지만, 분명한 것은 현재 세계 각국에서 많은 투자자들이 몰려오고 있다는 것이다. 성공을 꿈꾼다면 국제적 기업과 교류하고, 많은 외국인들과 협상을 하고 비즈니스를 해야 한다.

　중국 대표적 가전 기업 하이얼(Haier)의 경우 세탁기 등 가전제품은 중국 내 판매가격과 미국 내 판매가격이 다르고 생산도 현지에서 한다. 중국에서 생산된 제품보다 미국에서 생산된 'Made in USA' 제품의 가격이 훨씬 높기 때문이다. 이렇게 미국 시장을 개척하고 생산기지를 미국 현지에 세운 것이 바로 하이얼의 국제화 전략 중 하나이다. 또 중국 최대 컴퓨터 회사인 렌상이 IBM의 PC사업부를 합병해 일시에 수많은 외국 직원들을 확보한 일 역시 이런 국제화전략에서 나온 것이다. 이처럼 많은 기업들, 많은 사람들이 외국, 외국인과의 교류의 필요성을 느끼고 있다.

서양인들은 한국인, 중국인, 일본인을 쉽게 구분하지 못한다. 반면 우리 동양인들은 중국인, 한국인, 일본인들의 민족 특성 차이를 이해하며, 그에 따른 협상스타일도 다르다는 것을 알고 있다. 마찬가지로 우리도 미국인, 영국인, 프랑스인을 구별하기란 쉽지 않고, 그들의 민족특성에 따른 협상 스타일을 모른다.

그러므로 다른 나라 사람들을 이해하고 민족 특성을 알고 있을 때, 그 나라 사람의 협상 스타일을 파악할 수 있고 그에 따른 협상전략을 세울 수 있다.

먼저 우리나라와 정치, 경제, 문화적으로 가장 긴밀한 미국인의 특징을 알아보자. 미국인들은 매우 이성적이라 정확한 근거가 있는 계약을 중시하므로, 그들과 비즈니스를 할 경우 계약서 작성이 가장 중요하다.

미국인들과 비즈니스를 할 때는 그 대상에 따라 적절한 방법을 선택해서 대처해야지, 천편일률적으로 같은 방법은 효율적이지 못하다. 동시에 그들의 비즈니스 방법도 배워야 한다.

미국인들과 교류할 때는 특히 2가지를 주의해야 한다.

첫째, 미국인들은 상대방과의 관계보다는 그 비즈니스 자체를 중요시한다. 일의 결과와 계약을 중요시하지, 일을 통해 상대방과의 관계의 발전 같은 감정적 부분은 크게 개의치 않는다. 즉 '공은 공이고, 사는 사'가 그들 생각의 핵심이다. 때문에 미국인들과 비즈니스를 할 때는 그들이 최후의 결과물이라고 여기는 계약서 작성을 완벽하게 해야 한다.

둘째, 미국인들은 보편적으로 비즈니스 할 때, 직접 주제로 바로 들어가지 둘러말하거나 딴 이야기를 하지 않는다. 따라서 미국인들과 이야기할 때는 할 이야기를 잘 준비한 뒤 바로 사업에 대해 이야기하는 것이 좋다.

미국인들이 외국 바이어와 협상할 때 보면 몇 가지 특징이 있다.

첫째, 미국인들은 직접적으로 접근한다. 회사의 매출이나 판매단가 등을 직접적으로 묻는 등 대화방식이 직접적이다.

둘째, 대화방식이 직접적이라 하더라도 협상의 처음부터 솔직하게 모든 것을 털어놓지는 않는다.

셋째, 미국인들은 단독 협상을 좋아한다. 협상을 한다고 모든 부서 사람들이 함께 오기 보다는 책임자 혼자 협상을 하는 편이다.

넷째, 그들은 일의 결과를 중시하기 때문에 개인적 교류는 소홀히 여기는 편이다. 비즈니스를 하면서 서로 흉금을 터놓고 인간관계에서 깊은 관계로 발전하기란 거의 불가능하다.

다섯째, 미국인들은 단시간 내에 결과를 보기를 원하고, 단기간 내에 이익을 얻기를 바란다. 매체를 통해서도 알 수 있듯이 미국인들은 일반 직원들은 물론 CEO를 바꾸는 것도 빠른 시간 내에 처리한다.

여섯째, 외국인들과 협상 시 미국인들은 상대방의 국적과 상관없이 영어를 사용한다. 물론 영어가 국제 공용어이기도 하지만 일종의 우월감을 보여주는 행위이기도 하다.

일곱 번째, 미국인들은 단시간 내에 결과를 얻고 싶어 하기 때문에 침묵하는 것을 싫어한다.

여덟 번째, 미국인들은 자신의 무지(無知)를 인정하는 것을 아주 싫어한다.

아홉 번째, 미국인들은 가깝다고 느끼는 사람들하고만 선물을 주고받기 때문에, 선물을 받으면 책임감을 느낀다. 선물을 받을 경우 그는 당신이 자신을 자기 사람으로 여겼다고 생각하게 된다. 특히 처음 만난 자리에서 선물을 주고받는 습관이 없는 그들에게 첫 미팅에서 선물을 주었다면 그들은 자신을 중요시한다 여기며 호감을 갖고 대할 것이다.

한 희극배우가 천당을 이렇게 표현했다.

'만약 천당이 있다면, 그곳에는 기계를 잘 다루고 정확한 독일인 엔지니어가 있고, 프랑스 요리사가 있는 스위스인이 경영하는 호텔에서 이태리 애인과 함께 있는 것이다. 또 영국인 경찰이라면 그곳은 더욱 안전할 것이다.'

이 말이 무엇을 의미할까?

신사적인 영국인 경찰이라면 결코 사람을 함부로 다루지 않을 것이고, 이태리인들은 아주 낭만적이고, 프랑스인들은 음식을 즐길 줄 안다. 또 스위스인이 경영하는 호텔은 아주 편안할 것이고, 독일의 기계는 안전하고 정확하다는 이야기다. 반대로 그는 지옥에 대해서는 이렇게 말했다.

'만약 지옥이 있다면, 낭만만 찾아 실수가 잦은 이태리인 엔지니어에, 먹을 것에만 관심 있어 호텔 운영을 등한시하는 프랑스인이 경영하는 호텔에서 묵으며, 음식이 별 맛없는 영국에서 온 요리사의 음식을 먹고, 중립적이지만 무료한 스위스인 애인과 함께 있는 것이다. 여기에 엄격하기 이를 데 없는 독일인 경찰에게 끊임없이 괴롭힘을 당하는 것이다.'

이 말은 나라마다, 지역마다 민족적 특성이 다르다는 것을 유머스럽게 표현한 것이다. 이렇듯 각 나라마다 다른 민족성과 비즈니스 스타일을 파악한다면 당신의 성공적인 비즈니스에 큰 도움이 될 것이다.

다음은 영국인에 대해 알아보자.

그들은 British가 아닌 English로 불리길 원한다. 그들은 자신의 혈통을 매우 중시한다. 때문에 그들은 미국인들이 영국에서 넘어갔다는 것을 절대 잊지 않으며, 심지어 자신들은 미국의 형이며, 미국과 형제국가라고 여기는 부분도 있다. 영국인들은 신사적이며 자신들의 역사와 전통에 대해 커다란 자부심을 갖고 있다.

영국인들의 특징으로는,

첫째, 규칙적이고 시간관념이 철저하기 때문에 그들과 약속을 하려면 사전에 해야 하며, 약속시간은 반드시 지켜야 한다.

둘째, 영국인들은 예절과 에티켓을 매우 중요시 한다.

셋째, 영국인들은 프라이버시를 매우 중시하게 때문에, 협상 시 일과 관계없는 사생활을 묻는 것은 대단히 실례이다.

넷째, 황실이 존재하는 영국에서는 그들의 계급을 철저히 구분한다.

다섯째, 영국인들은 미국인들처럼 개방적이지 못하고 신중한 편이어서 낯선 사람들과 쉽게 이야기하지 않는다. 그들은 안전하다고 생각되어야 다른 사람과 대화를 한다.

여섯째, 영국인들은 미국인들의 가볍고 장난스러운 행동이나 빠른 말투를 보며 속으로 경박하다고 비웃을 만큼 그들의 행동은 느긋하고 신사적이다. 만약 여성이 그들과 협상을 하게 되면 그들은 여성의 의자를 뒤로 빼주는 등 예를 다 갖추어 대할 것이다. 때문에 영국인들과 협상할 때는 예의를 갖추고 느긋하게 행동하고 차분한 어조로 말해야 한다.

프랑스 파리는 미국 뉴욕처럼 경쟁이 치열하고 업무 스트레스도 많은, 매우 바쁘게 돌아가는 도시이다. 때문에 프랑스인들은 영국인처럼 느긋하지 못하고 생활 템포가 매우 빠르지만, 커피와 음식을 즐길 때는 누구보다 느긋하고 여유롭다. 또 프랑스인들은 온화하고 친절한 편이라 사람들과 마찰을 싫어한다.

프랑스인들은 영어로 물어봐도 프랑스어로 대답한다며 이런 그들의 행동을 오만한 자존심 때문이라고 말하는데 사실은 그렇지 않다.

프랑스인들의 언어 능력은 좋은 편이라 사실 많은 사람들이 영어를 구사할 수 있지만, 그들은 특수한 상황이 아니면 영어를 잘 사용하지 않는다. 그 이유가 우리가 알고 있는 것처럼 역사적으로 영국과 오랜 전쟁을 한 때문이거나, 영어를 우습게 여겨서가 아니라 단순히 유창하게 영어를 하지 못한다고 생각하기 때문이다.

또 재미있는 것은 협상을 할 때, 프랑스인이 'Yes'라고 답했다면 그것은 진짜 좋다는 의미가 아니라 'Maybe(아마도)'의 의미이다. 만약 그들이 'No'라고 했다면 그것은 '아직 협상할 수 있는 여지가 남아 있다'

로 해석해야 한다.

프랑스인들은 논리적이어서 그들과 협상을 하려면 이성적으로 단단히 무장해야 한다. 프랑스인들이 철저히 감성적이 될 때는 식사할 때와 커피를 마시고 연인과 연애할 때뿐이다.

다른 유럽나라들과 마찬가지로 프랑스인 역시 자신의 역사와 문화에 대단한 자부심을 갖고 있기 때문에 그들은 전통적인 원칙을 고수한다. 설령 큰돈을 벌 수 있다 해도 그 방식이 전통적인 방식을 무시하고 원칙을 깨는 것이라면 그들은 과감히 그 비즈니스를 포기한다. 때문에 그들과 사업을 할 경우에는 그들의 이런 전통과 원칙을 중시하는 생각을 높이 평가해 주어야 한다.

프랑스인과 교류를 할 때 무엇보다 약속 시간 엄수가 가장 중요하다. 영국인들도 그렇긴 하지만, 영국인들은 때로는 늦기도 한다. 하지만 프랑스인들은 정확히 시간을 지키며 만약 상대방이 약속 시간에 늦는다면 크게 모욕을 받았다고 생각한다.

프랑스인과 인사를 나눌 때는 짧게 악수하는 것이 보통이다. 프랑스 하면 볼을 부딪치는 비쥬가 떠오르지만 그것은 아주 가까운 경우이며, 사업적인 만남일 경우는 악수면 충분하다. 또한 결혼한 여성에 대해서는 마담(Madame)이라 호칭하는 것이 에티켓이다. 특히 프랑스인과 식사를 할 때는 그것이 협상과정 중이라도 절대로 사업적인 이야기를 꺼내서는 안 된다. 식사시간은 그들에게 여유를 즐기는 행복한 시간이므로 공적인 이야기는 피해야 한다. 대신 음식에 대한 칭찬은 그들을 기분 좋게 만들어 줄 것이다.

독일인들은 프랑스인들과는 많이 다르다. 독일인들은 상대방과의 관계나 계약 당시의 주관적, 객관적 환경에는 별 관심이 없고, 모든 정신을 오로지 계약 내용에만 집중해 대단히 상세한 계약서를 만들어낸다.

세계적인 명차인 벤츠, BMW, 아우디 등이 독일에서 엄격한 과정을 거쳐 생산되었다는 것을 잊어서는 안 된다. 때문에 독일인들과 계약할 때는 계약서를 꼼꼼하게 자세히 살피고 정확하게 작성해야 한다.

독일인들은 나약하고 자기주장이 없는 사람을 좋아하지 않고 용감한 사람을 좋아하므로, 그들과 만날 때는 반드시 확고한 자기주장과 당당한 태도가 필요하다.

또 그들과 협상할 때 주머니에 손을 넣고 있는 행위는 그들에게 모욕감을 주는 행위이므로 피해야 한다.

처음 독일인과 교류를 가질 때는 다소 딱딱하고 차가운 느낌을 받을 수 있지만 시간이 지나면 점차 친근감을 느끼게 될 것이다. 또한 독일인들을 상대방의 이름을 부르는 미국인들과 달리 사장, 부장, 대표 등 서로의 직책을 부르는 것이 예의이다.

이제 동남아시아 쪽을 살펴보자.

동남 아시아인은 인간관계를 매우 중요시하기 때문에 계약서를 신뢰하기보다는 악수하고 있는 상대를 더 신뢰한다. 게다가 그들은 협상 테이블에서 대표자가 확답했다고 해서 그것이 그 회사의 입장이라고 생각하지 않는다. 예를 들어 말레이시아의 경우, 말레이시아 전 수상은 자동차 산업을 국유산업화해서 보호하고 지원하기로 했으나, 현재 새 수상은 그 정책을 시장 자유화로 바꿨다.

'국가 정책인데 그렇게 쉽게 바뀔까?'라는 의문이 들겠지만 새 수상에게 그 정책은 전임 수상의 약속일뿐이지 자기와는 무관한 것이다. 그들은 약속은 개인과의 일일뿐 그가 속한 회사와는 무관하다고 여긴다. 때문에 그들과 협상을 통해 계약을 체결했다면, 그것은 완성이 아니라 이제 시작임을 명심해야 한다.

요즘 중국과 동남아에는 한류바람이 불고 있다. 특히 중국 동북 3성과 산동성, 베이징에는 많은 사람들이 한국인들과 비즈니스하기를 원하고 있다. 한국인 역시 약정을 쌍방 관계의 시작이라 여기지 마지막이라 생각하지 않는다. 한국인들에게 계약서는 단지 시작이며, 계약서는 모년 모일에 쌍방이 어떤 일에 대해 일정정도 이해했다는 뜻으로 여길 뿐이다. 때문에 나중에 만약 상황이 변하면 당연히 계약서도 상황에 따라 변해야 한다고 생각한다. 따라서 한국인과 계약할 때는, 나중에 생길지도 모를 변화에 대해 미리 예상하고 그 변화 가능성까지도 계약서에 써놓는 것이 좋다.

중국인들은 협상할 때 먼저 정(情)을 이야기한 후, 이(理)를 말한다. 따라서 중국인들과 비즈니스를 할 때는 서로간의 관계에 신경을 써야한다.

중국인들은 타고난 장사꾼이란 말이 있듯 흥정에 능하고 또 흥정 자체를 즐긴다. 때문에 그들과 협상을 할 경우에 그들이 처음 제시한 가격이 결코 적절한 가격이 아니므로 반드시 가격흥정을 해야 한다. 중국인들은 일부러 처음 가격을 높이 부르고 천천히 양보하는데, 이는 상대방에게 가격을 흥정하게 해서 싸게 샀다는 기쁨을 주기 위해서다. 그런 밀고 당기고 양보하고 흥정하는 과정 자체를 중국인들은 즐거움으로 여긴다.

일본인들의 경우, 협상 시 직접적으로 No라고 하지 않는다. 그들은 자주 '하이, 하이, 하이'라고 말한다. 그 말은 마치 '좋습니다!'라고 들리지만 사실은 그저 '알았습니다', '이해했습니다.' 라는 뜻일 뿐이다. 그들에게 '하이'는 언어상 습관일 뿐이라 설령 그들에게 듣기 싫은 말이나 농담을 하더라도 습관처럼 '하이'라고 할 것이다. 때문에 일본인에게는 단답형 대답이 나오는 질문은 피하고 구체적인 답을 들을 수 있는 개방형 질문을 해야 한다. 예컨대 '귀사의 제품을 25달러에 살 수 있습니까?'라고 물었을 때, '하이'라고 대답했다고 당신의 요구가 받아들여졌다고 생각해서는 안 된다. 그것은 '당신의 뜻을 이해했습니다.'의 의미일 수도 있기 때문이다. 그래서 '귀사가 우리에게 줄 수 있는 가격은 얼마입니까?'로 묻는 것이 훨씬 더 현명한 질문이다.

일본인들은 거절하는 것을 어려워하기 때문에 만약 그들이 '좀 어려울 것 같습니다'라고 했다면 그것은 불가능하다는 의미로 보면 된다. 또 일본인들은 단체로 결정하는 습관이 있어서 최후에 도대체 누구의 결정인지 알 수 없는 경우가 많다. 고위 간부거나 책임자, 대표자로 나섰어도 그가 마지막 결정을 내리거나 그 결정에 책임진다고 볼 수 없는 이유도 그 때문이다.

러시아인들과의 협상은 아주 흥미롭다. 과장되긴 했지만 전 미국 대통령 레이건이 이런 이야기를 했다.

한 러시아인이 평생 저축한 돈으로 차를 한 대 사기로 결심하고 돈을 찾아 정부에 차량 구매 허가를 신청했다. 그 후 차 판매부에 가서 언제쯤 차를 인수할 수 있을지 묻자 담당자는 7년 뒤라고 말했다.

"그럼 7년 뒤 오전인가요? 오후인가요?"

"아니 그게 무슨 큰 차이가 있다고 그러십니까?"

"있지요. 그날 오전에 친구가 우리 집에 와서 전기 공사를 해주기로 했거든요."

이 이야기는 러시아가 아직 계획경제의 상황에서 완전히 벗어나지 못함을 보여주는 것이다.

러시아인들과 협상을 할 때 주의해야 할 것은, 그들이 금방 답을 주었다고 해도 결과는 한참이 지나야 얻을 수 있다는 것이다. 또 처음에 모든 조건을 아주 높게 제시해 상대방이 정말 계약에 관심이 있는지 없는지를 살펴본다. 게다가 과거 계획경제 체제에서 경제 상황이 어려웠던 때문인지, 어떤 러시아인들은 협상 시 공동의 이익은 고려하지 않고 오로지 자신의 이익만을 생각하는 경향이 있다.

이슬람 지역 사람들과 비즈니스를 할 경우, 특히 그들의 종교와 문화를 이해하고 존중해야 한다. 중동 사람들은 1층은 물건을 사고파는 상점용이라 생각하기 때문에 그 지역에서는 사무실을 1층에 내는 것은 피해야 한다.

사람을 좋고 나쁘다고 함부로 절대적 평가를 내릴 수는 없지만, 앞의 짧은 글들을 통해 간단하게나마 여러 나라 사람의 민족성을 이해할 수 있을 것이다. 이렇게 나라마다 특성이 다르듯, 협상에서도 거기에 맞는 다양한 협상방법을 취해야 좋은 성과를 얻을 수 있다.

3장

이기는 방법은 상대의 머릿속에 들어 있다

뛰어난 협상가를 보면 분명 남과 다른 자질과 특징이 있다. 뛰어난 협상가는 자신이 생각하는 것과 상대방이 생각하는 것이 일치하지 않는다는 것을 분명히 알고 있다. 당신의 목표가 있듯이 상대방도 마찬가지다.

우리는 협상 쌍방이 각자의 수요와 요구가 있고, 그런 것들이 있어야 전체 협상과정에서 좋은 협상 결과를 얻을 수 있다는 것은 인정해야 한다. 뛰어난 협상가는, 상대방의 요구를 이해한다면 자신의 입장을 바꿀 필요 없이 상대방의 요구를 만족시킬 수 있다는 것을 알고 있다. 즉, 자신이 가지고 있는 조건으로 상대방에게 가장 좋은 서비스를 제공할 수 있다는 것이다. 대다수의 협상이 별 진전이 없는 이유는, 당신이 고객이 무엇을 원하는지를 파악하지 못해 고민하게 되고, 결국은 고객이 원하는 것이 당신에게 없다고 생각하기 때문이다.

따라서, 우리는 고객의 요구를 이해해야 그의 요구를 만족시킬 수 있다는 것을 알아야 한다. 그리고 그 요구를 만족시킬 수 있는 가장 좋은 방법은 다음의 3가지이다.

첫째, 당신의 상품.

둘째, 당신의 서비스.

셋째, 당신의 태도이다.

상품은 고객 문제의 핵심을 해결해준다. 그러나 상품으로 안 된다면 서비스를 통해 해결하고, 서비스를 제대로 제공할 수 없다면 성실한 태도로 문제 해결에 접근할 수 있다. 때문에 상품, 서비스, 태도는 고객에게 제공하고 고객의 요구를 만족시킬 수 있는 핵심 부분이다. 따라서 뛰어난 협상가는 상대방을 전면적으로 이해하기 위해 노력해야 하고, 동시에 상대방은 당신에 대해 전혀 알 수 없게 만들어야 한다.

협상 과정에서 우리는 다양한 사람들을 만나게 되고, 그들은 각각의 협상 스타일을 갖고 있다.

첫째, 경쟁형

이 부류의 사람들은 열린 태도로 갖가지 해결 방법을 동원해 보고 지켜본다. 이들은 지금 찾지 못했을 뿐이지, 분명 문제를 해결할 길이 있다고 믿는다. 때문에 이들은 최후에는 분명 좋은 결과가 있을 것이고, 모든 문제는 결국에는 반드시 해결된다고 생각한다.

만약 상대방이 이 유형의 사람이라면 그는 반드시 결과를 요구할 테니, 당신은 그와 함께 마지막에 최고의 결과와 옳은 결과를 이끌어내야 한다. 만약 당신이 이 유형의 사람이라면, 시간적 제한이 있는 상황 하에서 당신의 가장 좋은 전략은 협상의 마지막 1분까지 버티는 것이다.

이 유형과 협상을 한다면 그는 반드시 문제를 해결하길 원한다는 것을 알아야 한다. 때문에 이 유형의 사람에게는 그의 조건에 대해 일단 거부를 하고 마지막까지 시간을 벌어야 한다. 그리고 상대방이 반드시 문제 해결을 해야 할 시점에 이르면 당신이 먼저 조건을 말하는 것이 유리하게 협상을 마무리 지을 수 있는 관건이다.

따라서, 처음부터 모든 조건을 말하지 말고 마지막까지 시간을 끈다면, 최후의 순간에 반드시 결과를 얻어가길 바라는 이들은, 결국에는 당신의 말을 들어줄 것이다.

두 번째, 조직형

조직형의 사람들이 가장 중시하는 것은 완벽한 해결 방법이다. 그리고 그들은 그 방안이 자신들은 물론 파트너, 자신들의 조직 등 모든 사람이 만족하고 동의하길 바란다. 때문에 이 유형은 어떤 일을 할 때 자신이 만족했다고 끝나는 것이 아니라 모든 사람의 동의와 인정을 얻고 싶어 한다. 모든 사람들이 받아들이는 것, 이것이 바로 이들이 가장 강조하는 부분이다.

이 유형과 협상을 한다면 그와 교류하는 동안 그 사람만 생각해서는 안 된다. 그가 회사로 돌아가 상사나 조직이 받아들일 수 있을까 하는 부분까지 고려해야 한다. 조직형 협상가는 쌍방 모두 유쾌하게 협상이 진행된다면 문제는 자연스럽게 해결된다고 여긴다. 이들은 사람간의 감정과 인간관계를 중시하므로, 모두가 원한다면 문제는 결국에 가서는 자연스럽게 타당한 형태로 해결된다고 믿는다.

경쟁형은 일로 문제를 해결하고, 조직형은 사람으로 문제를 해결한다.

뛰어난 협상가가 되려면 다음의 5가지 자질을 지녀야 한다.

1. 보다 많은 정보를 발굴하려는 의지

변호사나 명탐정 셜록 홈즈처럼 끊임없이 정보를 발굴하고 그것을 파고들어, 결국에는 문제를 해결하려는 의지를 갖추어야 한다.

2. 남보다 강한 인내심

협상은 순식간에 문제가 해결될 수 없는 장기 항전이다. 따라서 지치지 않고 기다리며 대응하고 설득하는 강한 인내심이 필요하다.

3. 높은 가격, 높은 조건을 말할 수 있는 배짱

협상 시 사람들 면전에서 예상을 뛰어넘는 높은 가격이나 조건을 말하는 것을 어려워한다. 그러나 그런 조건으로 시작해야 보다 높은 이익을 얻을 수 있는 공간을 확보할 수 있다.

4. WIN-WIN을 추구하는 정직한 태도

협상의 마지막 결과는 모두가 만족하고 승리해야 한다. 자신만 만족하고 승리자가 되는 협상은 최고의 협상가가 추구할 덕목은 아니다.

5. 잘 들어주기.

상대방의 말을 귀담아 들어야 상대방의 호감을 얻을 수 있어 편안한 협상 분위기를 만들 수 있고, 보다 중요하게는 듣다 보면 협상에 중요한 단서와 정보를 얻을 수 있다.

>>

　10년 전 타이완 〈포브스〉 잡지사 대표로 있을 당시, 사무실을 타이베이 시내에서 타이베이 교외로 옮기는 것을 고려하고 있었다. 당시 타이베이 시내의 사무실 임대료는 엄청나게 비싸서 1개월 임대료가 240,000 타이완달러(약 850만원)에 주차비도 별도로 대당 1개월에 15,000타이완달러(약 53만원)로, 나와 파트너 차까지 합해 월 30,000타이완달러(106만원), 전체 비용이 한 달에 270,000타이완달러(약 956만원)가 소요됐다. 게다가 사무실 면적도 넓지 않아서 여러모로 불편했던 나는 파트너와 상의해 이사를 생각했는데, 그러려면 우선 직원들과의 협상이 필요했다.

　앞에서 말했듯이 협상에는 비즈니스 협상, 내부 협상, 법률 협상 등 여러 종류가 있는데, 우리는 일종의 내부 협상으로 직원 전체를 대상으로 한 협상을 준비했다. 협상 시작 전에는 반드시 내용에 대한 선포를 통해 상황에 대해 이해를 시키고 유리한 방향으로 전개하기 위한 분위기를 잡아야한다.

　아침 회의에서 본격적 협상을 위한 첫 단계를 시작했다.

　"여러분은 요즘 대기업들이 사무실을 시내에서 교외로 옮기는 추세에 대해 알고 있을 것입니다. 물론 시내에서 좀 떨어져 있어 불편한 점도 있습니다. 그러나 경제 잡지사인 우리는 사회 움직임에 대한 이해가 있어야 좋은 기사로 보도할 수 있기 때문에 이런 추세를 알아야 할 의

무가 있습니다. 그러니 다 함께 교외로 가서 상황을 파악하는 것이 어떻겠습니까?"

모두들 즐겁게 동의했고, 우리는 11시에 모두 함께 그곳으로 가서 기업들이 교외로 이주하는 상황을 파악하기로 했다.

편집부 직원들이 대부분 여성인지라 소풍가는 듯 즐거운 분위기였고, 몇 대의 차에 나눠 타고 출발했다. 11시에는 차가 아직 막히지 않아 금방 고속도로를 탔고, 15분 만에 그 지역에 도착했기 때문에 모두들 전혀 멀다고 느끼지 않았다.

도착해서 나는 직원들을 이끌고 이사할 생각을 하고 있는 건물로 데려갔다. 새 건물이라 인테리어도 훌륭하고 넓은 공간을 보고 직원들 모두 감탄하고 부러워했다.

너무 오래 보면 단점들이 드러날 것이기에, 나는 그들이 넓고 쾌적한 사무실을 보고 감탄할 때 건물 지하 식당으로 가서 식사를 했다.

지하 식당은 카페테리아 형식으로 총 12개의 섹션으로 나눠져 다양한 음식을 팔고 있었고, 카드를 구입하면 어느 것이나 마음대로 먹을 수 있고 할인도 됐다. 원래 사무실에는 이런 식당이 없고 점심시간이면 각자 알아서 근처에서 해결해야 했다. 그들은 다양한 음식과 가격에 감탄하느라 이곳이 교외라서 이 식당 말고는 다른 것이 없다는 것을 잊고 즐겁게 먹으며 부러움을 감추지 않았다.

게다가 이곳은 과학기술 빌딩으로, 입주한 대부분의 회사가 과학기술 관련업체라 남자들이 대부분이었다. 때문에 우리 여직원들이 식사를 하자 남자들의 주목을 받을 수밖에 없었고, 그런 기분들을 유쾌하게 즐겼다.

식사를 마치고 여직원들은 남자들의 아쉬운 시선을 뒤로 하고 사무실로 돌아왔다. 돌아와서 우리는 사무실 이전 추세에 관한 이야기를 나눴다.

"이 주제에 대해서 모두 각자의 의견을 이야기하기 바랍니다."

직원들과의 회의 결과는 이랬다.

'현재 기업들의 시 외곽으로의 이전은 하나의 추세가 되었다. 수많은 기업들이 이렇게 외곽으로 이전하는 이유는 낮은 비용과 시간의 절약을 통해 더 많은 이익을 얻기 위해서다.'

이 결론은 모두 직원들 스스로의 입에서 나온 것이다. 단, 그렇다고 바로 우리 사무실 이전을 말해서는 안 된다. 편집자 회의를 통해 다음 호 기사로 채택되었다. 회의를 마치고 나는 지나가는 농담처럼 편하게 이야기했다.

"만약 우리 잡지사가 교외로 이전한다면 어떨까요?"

직원들은 의견을 말했다.

"너무 먼 것 같은데요. 출근할 때 시간이 너무 오래 걸릴 거예요."

"그렇지 않을 것 같아요. 왜냐하면 남들이 시내로 들어올 때 우리는 나가기 때문에 정체되거나 하지 않을 것 같습니다. 그리고 만약 우리가 교외로 옮긴다면 퇴근 시간을 5시로 하면 되지요."

원래 우리는 9시 출근 6시 퇴근이다. 중간에 점심시간 1시간을 제하면 8시간 근무이다. 그런데 나는 우리가 교외로 이전한다면 퇴근을 한 시간 앞당긴다고 말했다.

많은 사람들이 내 조건에 의아해할 것이다. 하지만 지금 있는 사무실은 시내 번화가에 있어서 바로 옆에 극장과 백화점들이 즐비하다. 그래서 낮 시간에 직원들이 자리를 비우는 시간이 많았다. 잡지사다 보니 취재 핑계를 대고 근처 쇼핑센터를 간다거나, 심지어 영화를 보고 오기도 했다. 때문에 말이 8시간 근무이지 실제로는 그렇지 않았다. 그러나 만약 교외로 간다면 그 빌딩 말고 주위에는 아무것도 없기 때문에, 7시간 근무한다고 하더라도 지금 사무실에서의 8시간보다 훨씬 더 효율적일 것이다.

"그리고 시내에서 출근하려면 너무 멉니다."

"그것도 회사에서 유류비의 일부를 부담하면 됩니다. 한 달에 1인당 2만 원 정도를 부담하겠습니다."

"그것은 좋은데, 토요일은 오전 근무인데 그렇게 멀리서 와서 얼마 있다가 다시 돌아가려면…."

"그것도 만약 이전을 한다면 주 5일 근무를 하면 됩니다."

그 말에 다들 술렁이며 열광적인 반응을 보였다.

당시 타이완은 여전히 주 6일 근무였고, 나는 타이완에서 처음으로 주 5일 근무를 말한 것이다. 그러나 토요일 휴무는 사실 별것 아니다. 토요일은 3시간 근무인데, 다들 출근하자마자 신문 보고 커피 마시고 하다 보면 10시가 넘고, 그러다 슬슬 퇴근 준비를 하니 일에 대한 효율성은 전혀 없어서, 나로서는 별것 아니지만 직원들 입장에서는 놀라운 조건이었다.

"그런데 우리는 이미 시내에다 집을 구해서 살고 있는데 다시 교외로 가면 너무 불편합니다."

이 문제에 대해서도 이미 생각해 두었다.

직원들 중에 몇 명이 집을 얻어 생활하는데, 6평 남짓한 방 하나의 월세가 45만 원 정도 한다. 그런데 새 건물 옆에는 오피스텔 건물이 있는데 가격도 아주 저렴해 월세가 25만 원 정도였다.

"회사가 임대를 할 테니 여러분들은 4만5천원만 내면 나머지는 회사가 부담하겠습니다. 5명이 각각 혼자 방을 쓰면 되고 거실도 2개, 부엌도 있습니다."

파격적인 조건이지만 나 역시도 생각해둔 것이 있다. 우리 회사는 잡지사이기 때문에 잡지를 놓아둘 공간이 필요했다. 그런데 이 오피스텔을 얻으면 거실이 2개가 있으니 그곳에 놓아두면 창고 비용 절약은 물론, 별도의 아르바이트생을 쓸 필요 없이 그들이 돌아가며 관리를 할 수 있다.

이렇게 해서 대략 비용을 계산해보면 원래 26만 타이완달러가 들던 사무실 유지비가 6만 타이완달러로 낮춰 무려 20만 타이완달러를 절약할 수 있는 것이다.

그러니 이 협상의 성공은 회사의 입장에서는 대단히 큰 이익을 얻은 것이고 직원들 입장에서도 만족도가 높은 것이라 할 수 있다.

앞의 회사 이전은 내가 직원들에게 강제로 요구한 것이 아니다. 나는 성공적인 협상을 위해 사전에 충분한 준비를 했다.

1, 많은 정보를 입수했고, 예측 가능한 요구에 대해 미리 대비책을 마

련해두었다.

2. 인내심을 갖고 기다렸다. 처음부터 반드시 교외로 이전한다고 말하지 않고 그들에게 기사 주제를 정하도록 하면서 한걸음 한걸음 접근했다.

3. 높은 요구를 할 용기를 가졌다. 나는 과감하게 교외로 이전하는 것이 어떠냐고 말했다.

4. 전체 협상과정에서 나는 모두가 만족하는 WIN-WIN 으로 이끌려고 노력했고, 결과는 모두가 만족했다.

5. 좋은 청중이 되어 직원들의 말을 열심히 경청하며 그들의 요구 조건을 듣고 만족스럽게 해결했다.

따라서 뛰어난 협상가는 상대방에 대한 이해가 부족하다면 우선 상대방을 알 수 있는 정보를 수집한 후 가설을 세우고 준비해야 한다. 그리고 협상 과정에서 각기 다른 대상에게 같은 질문을 던져 그들이 각기 어떤 답을 하는지 파악해 자신의 경험으로 남겨야 한다. 또 한 사람에게 같은 질문을 계속 던져 그의 입장이 처음과 끝이 일치하는지 다른지 파악하는 것도 좋은 방법이다. 그런 과정에서 협상에서 다양한 경우의 수를 예상하고 대처하는 임기응변 능력도 발전한다.

또 높은 조건이나 과감한 요구를 할 때 편하고 당당한 어조로 이야기할 수 있어야 한다. 과감한 요구를 하는 것을 미안해하거나 거절당할까봐 부끄러워해서는 안 된다. 덧붙여 협상과정에서 상대방을 도와줄 수 있는 일은 도와주어서 분위기를 편하게 이끌고, 상대방의 이야기와 요구를 진지하게 경청하면서 그들이 협상에서 진정 얻고자 하는 목표가 무엇인지도 파악해야 한다.

뛰어난 협상가는 다음의 3가지 자질을 갖추어야 한다.

첫째, 불확실한 상황도 받아들일 수 있어야 한다.

협상 자체가 당신이 의도하고 요구한대로 착착 진행되지는 않는 법이니, 어떤 불확실한 상황이나 예상치 못한 상황이 닥쳐도 적절히 대처할 수 있어야 한다.

둘째, 경쟁 정신과 승부근성을 갖추어야 한다.

언제든 경쟁에 뛰어들고 적극적으로 나서서 조절하고 다른 사람들이 당신을 좋아하는지 아닌지에 대해 신경 쓰지 말아야 한다. 즉, 다른 사람들의 호감을 얻기 위해 자신의 원칙을 포기해서는 안 된다는 것이다.

셋째, 협상 시 5개 기본 욕구를 잘 살펴 상황에 맞게 대응해야 한다.

경제 이론 중에 인류의 5대 기본 욕구는 '생존, 안전, 사교, 자존심, 자아성취'의 순서라고 한다. 따라서 협상 시 상대방과의 대화에서 상황을 파악해 대응해야 한다. 예를 들어 상대방이 막 창립한 기업이어서 상황이 어렵다면, 당신은 그의 생존 욕구를 만족시켜주면 된다. 만약 발전기에 들어섰다면 안전이라는 측면을 채워주고, 사교 단계에 진입했다면 당신을 그를 칭찬하고 기분 좋게 해주는 법을 알아야 한다. 또 자존심을 내세우는 단계라면 그를 존중해주어야 하고, 마지막 자아성취 단계라면 그는 보다 많은 사람, 보다 큰 업적을 원하므로 그가 성취감을 느낄 수 있는 기회를 주어야 한다. 이렇게 상대방의 상황에 따라 대응하면 누구나 당신과 함께 비즈니스를 하고 싶어 할 것이다.

진정으로 뛰어난 협상가가 되려면 다음의 6가지 상황을 믿어야 한다.

1. 스트레스나 부담은 자신보다 상대방이 더 크다.

협상에 대한 스트레스는 당신뿐만 아니라 누구나 받고 있다. 그러니 상대방도 당신 이상으로 부담스럽고 곤혹스러워 한다.

2. 협상은 분명한 게임의 법칙에 따라 이루어진다.

장기나 바둑처럼 협상 역시 룰이 있다. 따라서 당신이 정한 게임의 법칙을 마음대로 포기하지 말고 끝까지 준수해야 한다.

3. 상대방의 'No' 라는 말이 진정한 거절은 아니다. 그것은 또 다른 협상의 시작이다.

4. 바보처럼 보이는 것이 진짜 똑똑한 것이다.

협상 시 자신의 똑똑함과 박식함을 과시해서는 안 된다. 어떤 부분에 있어서는 잘 모르는 것 같은 모습을 보여라. 그렇다면 상대방은 친절하게 설명하고 도와주려고 스스로 만족해한다.

5. 일을 논하는 데 사적인 감정을 개입해서는 안 된다.

6. 양보하는 법을 배워라.

협상 시 양보가 필요할 때, 그 정도는 대단히 중요하다. 양보의 폭은 유일하게 협상 결과에 영향을 미칠 수 있는 핵심적 부분이다.

미국의 국무차관보 크리스토프 힐은 말했다.

'협상 시 불같은 분노를 조절할 수 있다면, 화를 내는 것은 상관없다.'

이 역시 아주 좋은 전술 중 하나이다.

01 시간적 부담을 적절하게 이용하라

협상을 하다보면 늘 부담을 갖게 되고, 때로는 그 부담과 스트레스와 관련된 문제를 해결해야할 때가 있다. 바로 시간에 대한 부담이다. 따라서 시간적 부담을 잘 이용해 협상을 진행하는 법을 익혀야 한다.

알다시피 협상 쌍방 모두 시간적 부담에서 벗어날 수 없다. 게다가 통계를 보면, 협상 시간의 80%는 조건 조율과 양보에 소비되고 나머지 20% 시간 내에 결론에 다다르게 된다.

협상 내내 받아들일 수 없다고 논쟁을 거듭하다가 어느 순간 시간이 없는 것을 발견하고는, 더 이상 시간을 끌면 아무런 결론을 얻지 못하고 협상이 소득 없이 끝나고 말거라는 부담 때문에, 결국은 얼른 양보를 통해 결론을 내게 된다.

그렇다면 협상 쌍방 모두 시간적 부담을 받는 것은 왜일까?

손님 한명이, 내일 학기가 시작되는데 컴퓨터공학과에 다니는 아들에게 필요한 노트북을 사려고 가게로 들어선다. 전공이 전공인 만큼 반드시 노트북을 가지고 수업을 해야 한다는 것이다. 이런 상황에서 아버지는 노트북을 사기 위해 가게에 들어섰을 때 부담이 생길 수밖에 없다. 오늘 노트북을 사지 못하면 아들은 내일 수업을 들을 수 없고, 이제껏 뒷바라지해서 대학에 들어갔는데, 첫날부터 노트북이 없어 수업을 망치게 할 수는 없는지라 스트레스를 받게 된다.

사람들은 보통 물건을 파는 사람만이 팔아야 한다는 부담을 갖고 있다고 여기지만, 사실은 그렇지 않다. 물건을 사는 사람도 마찬가지로 부담을 느낀다. 물건을 살 생각이 없다면 가게에 들어가지 않을 테고, 산다고 해도 품질은 좋은지 합당한 가격인지 하는 생각에 마찬가지로 스트레스를 받는다.

영어수업이든 비즈니스 강좌든 수업도 마찬가지다. 그런 수업을 듣는 학생들 모두 나름대로의 스트레스가 있다. 그 스트레스는 다른 사람들은 다 알고 있는 것을 나만 뒤쳐진 것이 아닐까, 다들 잘하는데 나만 못하는 게 아닐까 하는 것이다. 또 강의를 들으려고 했는데 늦게 신청해서 다시 6개월을 기다릴 수도 있다. 강사 역시도 마찬가지다. 강의를 열었는데 수강생이 없으면 어쩌나, 강의를 못해서 학생들이 다시는 안 들으면 어쩌나 하는 부담을 갖는다.

이것이 바로 시간적 부담, 시간의 스트레스다. 때문에 자기 혼자만 시간적 부담을 느낀다고 생각하지 말라는 것이다. 당신과 마찬가지로 협상 상대 역시 그 부담에서 결코 자유로울 수 없다.

협상과정에서 선택을 많이 하면 할수록 우세한 상황을 만들 수 있고, 조건이 많을수록 시간을 이용해 상대방을 압박할 수 있다. 또 협상과정에서 절대로 믿지 말아야 할 말은, '나중에 다시 이야기합시다.'이다. 이 말은 절대로 믿어서는 안 된다. 그 말의 의미는 당신의 시간을 빼앗겠다는 뜻이다. 미루면서 계속 시간을 갉아먹어 결국은 당신이 어쩔 수 없이 결정하게 만드는 일종의 전술이다. 앞에서 말한 예처럼, 노트북을 사지 못하면 아들이 수업을 못 듣기 때문에 시간 압박에 쫓겨 결국은 상대방의 조건을 수용하게 되는 것이다.

공항의 상점을 보면 물건 값을 깎아주지 않는다. 보통 공항에서 수속을 마치고 비행기를 타기 전까지 길어야 한 시간 남짓의 시간 밖에 없기 때문이다. 간혹 마음에 드는 물건이나 필요한 책들을 천천히 보다 보면 비행기 탈 시간이 다가오고, 이곳이 아니면 살 수 없기 때문에 결국은 비싸더라도 구입하게 되는 것이다. 이 역시 시간의 압박이 가져오는 결과이다.

마찬가지 이유로 공항 식당의 음식 값은 대단히 비싸다. 타이완뿐만 아니라 세계 어느 나라도 그렇다. 이 역시 시간의 부담을 이용한 전략이다. 비행기를 타야 하는데 식사를 안 해 배가 고프다면 먹어야 하니 다른 선택의 여지가 없는 것이다. 상황과 환경이 결정을 하게 되는 것이다.

일정 기간 동안만 물건을 할인해서 파는 백화점 세일도 시간적 부담을 이용하는 마케팅이다.

얼마 전 중국 저장성(浙江省) 한 백화점에서 '400위안 어치 물건을 사면 400위안짜리 상품권을 준다'는 선전 때문에 온 시내가 들썩였다. 사실 이것은 다른 세일과 마찬가지로 마케팅 수단의 일종일 뿐이다. 그런데 소비자들은 400위안(약 65,000원)을 사면 400위안짜리 상품권을 준다니 마치 공짜로 물건을 얻은 것처럼 느낀다. 그러나 400위안어치를 사면 400위안짜리 상품권을 준다는 의미는, 당신이 먼저 400위안을 써야하는 전제가 붙었으니, 실제로는 공짜가 아니라 400위안을 썼지만 800위안의 가치를 받는다는 것이다. 잘 보면 이 역시 다른 세일과 같은데 방식과 표현만 바꾼 것뿐이다.

매년 시즌 별로 백화점들은 대 바겐세일을 한다. 할인율도 10%부터 50% 이상까지 다양하다. 하지만 소비자들이 바겐세일이라고 모두 몰려가지는 않는다. 시즌 별로 있을 것이고 특별 세일도 있으니 그렇게 아쉬워하지는 않는다. 하지만 이번에 이 백화점의 광고 때문에 전체 시내가 들썩이며 사람들이 백화점으로 몰려갔고, 하루 매출액이 8000만 위안(132억 원)에 달했다. 왜 그랬을까? 백화점 창립 1주년 기념 활동으로 단 3일간만 한다고 선전했기 때문이다. 사람들은 이 3일이 다시 없을 기회라 생각해서 미친 듯이 백화점으로 몰려들었던 것이다. 그런데 400위안어치를 사면 400위안 상품권을 준다는 것은, 사실은 50% 세일과 같은 상황이다. 그리고 이런 세일은 언제나 있어왔다. 백화점 정기 세일은 50%는 물론 간혹 60~70%까지 세일을 하기도 한다. 10만 원짜리 제품을 3만원에 준다는 것은 3만 원어치를 사면 10만 원짜리 상품권을 주는 것과 같지 않은가? 그런데 백화점이 시간적 부담을 이용해 교묘한 숫자 게임을 하자, 소비자들은 알아서 그 그물로 몰려든 것뿐이다.

협상할 때 상대방이 시간적 부담을 이용해 당신을 압박한다면 당신은 인내심을 갖고 지켜봐야 한다. 인내심은 협상과정에서 아주 중요한 요인이다. 사람들은 시간 압박에 쫓기게 될 때 그 안의 부분이 되길 원하지, 그 상황 밖 일부분이 되길 원하지 않기 때문이다. 따라서 시간의 압박, 제한된 시기, 제한된 시간, 제한된 양, 제한된 자격 같은 요소들은 협상에서 자주 응용되는 방법들이다.

 예 >>

한 백화점이 카드회사와 제휴해 VIP고객을 위한 카드를 만들었다. 이 카드는 타이완에서 소득 10% 안에 드는 사람들 중 5000명만 엄선해 발급한 것으로, 고급 상자에 순금 도금된 카드는 럭셔리 그 자체였다. 또, 이 카드를 가지고 있을 경우 백화점 세일 기간 전에 단독으로 초청되어 조용한 분위기에서 쇼핑을 즐길 수 있다고 설명했다. 알다시피 백화점 세일기간은 사람들이 미어터져 시장바닥 같은 분위기에서 물건을 사야 하므로 그 스트레스가 이만저만이 아니다. 백화점은 이런 점을 고려해 세일 전날 이 카드를 가진 고객만 입장할 수 있는 특별세일을 준비하고, 붉은 카펫을 깔고 고급스러운 분위기에서 편하게 쇼핑할 수 있게 한다고 설명했다. 그리고 쇼핑하기 전에 준비된 칵테일과 간식들을 준비해 공짜로 즐기면서 파티 같은 분위기에서 쇼핑을 즐길 수 있다고 강조했다.

백화점은 세일 전날 밤 7시부터 10시까지 VIP를 위한 특별 세일을 마련했고, 사람들은 준비된 칵테일을 마시며 쇼핑을 즐겼다. 칵테일을 준비한 것도 실은 백화점의 전략이다. 술을 마시게 되면 마음이 느슨해지고 대범해져 감정적인 쇼핑을 하게 되기 때문이다. 여기에 백화점은 오늘 쇼핑을 가장 많이 한 고객에게는 500만원 상당의 시계를 선물한다고 공표했다. 그곳에 모인 고객들은 그 정도의 시계는 몇 개씩은 갖고 있는 정도의 돈 많은 사람들인데 과연 그 전략에 혹할까? 사람은 아무리 부자라도 공짜라면 탐하게 마련이다. 고객들은 너도나도 아무것이나 쇼핑을 하고, 그 모습에 자극 받아 쇼핑하고…. 결국 그날 5억 원을 소비한 한 고객이 그 시계를 가져갔다.

백화점은 시간적 제한, 사람의 제한, 자격의 제한을 이용해 아주 간단한 마케팅 전략을 펼쳤고, 고객들은 협상은 하지도 못한 상황에서 이미 실패를 하고 마는 함정에 빠진 것이다. 너도 나도 긁어대는 카드에, 백화점은 단 3시간 만에 수백억 원의 매출을 올렸다.

당신도 협상에서 상대방이 쳐놓은 그물에 걸려들 가능성은 얼마든지 있다. 자신이 쳐놓은 게임으로 들어오기를 바라는 상대의 계략에 말려들어 그 함정으로 뛰어들게 되면 협상은 실패하고 말 것이다.

80%의 양보는 협상의 마지막 1/5 쯤에 일어난다는 것을 명심하라!

백화점의 세일기간은 보통 일주일인데 첫날, 둘째 날은 비교적 많고, 셋째, 넷째, 다섯째 날은 한산한 편이고 마지막 이틀이 가장 사람이 많은 이유가, 바로 이때가 지나면 더 이상 싸게 살 수 없다는 시간의 압박 때문이다.

따라서 제한된 시간으로 상대를 압박하는 것은 협상에서 단순하지만 가장 효과적인 방법이다.

시간적 부담의 또 다른 의미는, 상대방이 더 오래 말할 수 있게 만들수록 상대방이 당신의 생각이나 당신의 뜻대로 따라할 가능성이 커진다는 뜻이다. 서로 이야기하고 협상하는 시간이 길어질수록 교류가 많아지고, 교류가 많아지면 서로간의 관계가 친밀해지기 때문이다.

때로는 협상을 멈추는 것이 적합하지 않은 일을 위해 억지로 협상을 이어가는 것보다 낫다는 것을 명심해야 한다. 때때로 '이렇게 오랫동안 시간과 정력을 낭비했는데 여기서 그만두면 얼마나 아까울까?'라고 생각해 적합하지 않은 일을 계속 해나가는 경우가 있다. 그러나 적당한 시기에 멈추고 'No'라고 말할 수 있어야 한다. 별 의미가 없는 일인 줄 알면서도 들인 시간과 노력이 아까워 계속 이어나간다면 결국은 더 큰 손실로 돌아올 것이다. 그 느낌은 마치 서로 맞지 않는 줄 알면서도 3년이나 사귀어서 이미 습관이 되고, 들인 시간이 아깝고 다른 사람을 만날 자신이 없어 그냥 결혼하는 것과 같다. 그러나 서로 맞지 않는 걸 알면서도 그렇게 한다면 이후 50년은 더 힘들 것이다. 많은 사람들이 이런 오류를 범한다.

체면 때문에 차마 멈추지 못한다면, 결국 자신의 가장 중요한 것을 잃을 수도 있다는 것을 기억해야 한다. 일이 적합하지 않고 때가 아니라면 그것을 멈춰야 한다. 용감하게 'No'라고 말하는 것이 억지로 끌고 나가는 것보다 10배는 낫다.

제한된 시간이 가져오는 부담의 핵심을 정리하자면,

1. 시간적 제한이 압박하는 상황이 되면 사람들은 융통성을 발휘하고 탄력적으로 대응하기 때문에, 이전에는 불가능했던 조건들을 받아들이게 된다.

2. 만약 당신이 시간적 제한으로 부담을 느끼고 있다면, 절대로 그 상황을 상대방이 모르게 해야 한다. 상대방이 알게 된다면 그는 쉽게 당신을 제어하게 된다.

3. 협상은 마지막 20%의 시간 동안에 완성된다는 것을 기억하라!

4. 모든 상황과 요구 조건은 미리 상세하게 모두 말해야 한다. 하나 이야기하고 나중에 덧붙여서 하나씩 이야기한다면 기존의 인정받았던 상황도 쉽게 변해버린다.

협상에서 선택의 폭이 넓다면 당신에게 힘을 주겠지만, 주도적으로 하는 선택이 아니라면 시간이 주는 압박을 피해야 한다. 하지만 협상 기간이 길어질수록 상대방의 양보를 얻어내기가 쉽다. 기간이 길어지면 피차간에 교류가 많아져 친밀해지면서 양쪽 모두 이 협상을 반드시 성공시켜야겠다는 생각을 하기 때문이다. 또한 인내심을 갖고 기다려야 한다. 벌써 이만큼의 시간을 투자했다고 해서 결렬될까봐 양보를 해서는 안 된다. 당신이 시간을 충분히 투자한 만큼 더 인내심을 가져야지, 성공을 눈앞에 두고 조급해서 양보를 선택하면 안 된다. 물론 이 협상 결과가 정말 좋지 못하다면 더 이상 시간과 정력과 돈을 낭비하지 말고 즉각 멈춰야 한다.

협상에서는 시간 외에 정보도 아주 중요하므로 언제 어느 때든 가능한 모든 정보를 입수해야 한다. 사람들은 보통 자신의 무지를 인정하기 싫어하기 때문에 다 아는 듯, 이해한 듯 가장하는 경우가 많은데, 이런 상황은 오히려 상대방에게 이용당하기 쉽다. 협상에서는 사건을 캐는 기자처럼 모르는 것이나 궁금한 것은 찾고 묻고 해서 가장 좋은 답안을 찾아야 한다. 협상과정에서 일률적인 규정에 의해 속박당하는 경우가 많으므로, 정보와 자료가 많을수록 장악력은 더 커진다. 아무리 똑똑해도 혼자서 모든 것을 다 알 수는 없다. 여성들끼리는 어떤 화장품이 좋은지, 어떤 드라마가 재미있는지를 나누고, 남성들끼리는 자동차에 대한 정보나 경제관련 정보 등을 나눈다. 당신이 모든 사람, 모든 업계의 정보를 다 알 수는 없으므로, 주변 친구들이나 지인들과의 교류로 정보를 얻을 수 있다.

정보 수집에 있어서 중요한 몇 가지 사항을 정리하자면,

1. 어떤 일, 어떤 상황에 대해 모른다는 것을 인정하는 것을 부끄러워 말라.

2. 어려운 문제에 대해 묻는 것을 두려워 말라. 묻고 나면 훨씬 더 많은 정보를 얻을 수 있다.

3. 상대방의 근거지에서 떨어져서 협상하라. 제 3의 장소나 가능하면 당신의 근거지에서 협상을 해야 정보 입수가 원활해진다.

4. 동성친구나 같은 나이대의 친구들을 통해 더 많은 정보를 입수하라.

5. 언제든 협상 테이블을 떠날 수 있도록 준비하라.

협상에서 일이 뜻대로 풀리지 않을 때 낙심하며 자리에서 일어나는 모습을 보이는 것은 일종의 전술이다. 그렇게 함으로써 상대방에게 부담을 줄 수 있다. 물론 이 전략은 상대방이 붙잡는다는 확신이 있을 때 사용해야 한다. 상대방이 불러 세웠다면 당신의 많은 조건들이 상대방으로 하여금 이 협상을 이루고 싶다는 것을 의미한다.

낙담한 모습으로 협상 테이블을 떠나는 전술을 사용했는데 상대방이 붙잡지 않는다면, 어떻게든 다시 돌아갈 구실을 찾아야 한다. 당신이 어떤 물건을 사려고 협상을 시작했는데, 가격은 너무 비싸고 상대방은 전혀 조정을 해주지 않는다. 당신은 받아들일 수 없다며 일어섰다. 상대방이 만약 정말 팔고 싶다면 세 걸음을 걷기 전에 당신을 잡을 것이다. 그런데 당신은 정말 사고 싶은데 세 걸음을 걸었는데도 부르지 않는다면 어떻게 해야 할까? 이럴 때는 망설이지 말고 다시 돌아가라! 그리곤 '아니 뭐가 이렇게 비쌉니까?'하며 상대방을 질책하듯 과장하라. 이렇게 함으로써 다시 협상할 수 있는 기회를 만들면 된다.

02 협상을 주도하는 각종 전략

정말로 뛰어난 협상가가 되고 싶다면, 책을 읽고 배운 부분을 반드시 매일 연습해야 한다.

예 >>

이 책에서 협상의 기교 '얼굴색 바꾸기' 방법 부분을 읽었다면, 가게에 물건을 사러 갈 일이 있을 때 그 방법을 연습해 보라. 물건을 사러가서 주인이 말한 가격에 '얼굴색을 바꾸고 놀란 척' 하면 조금 깎아줄 수도 있다. 안되면 고개를 폭 숙이고 낙담한 듯 안 산다며 자리를 떠나는 방법도 써 보자. 주인이 당신을 불러 세우고 다시 가격협상을 하며 깎아줄 수도 있다. 이전에는 사고 싶은 물건이 있으면 반드시 샀지만, 이제 배운 대로 별로 사고 싶지 않은 구매자 역할을 해보자. 의외의 소득이 생길 수도 있다.

이처럼 평소에 끊임없는 연습만이 이익을 가져다준다. 특히 기업의 사장이나 회사의 관리자들에게는 이런 연습이 더욱 중요하다.

한번 생각해 보자. 비즈니스상의 교류나 협상에서 정말로 낙담한 듯 사지 않겠다고 자리를 벗어난 적이 있는가? 협상 테이블에서 마지막에 가서 상대방에게 양보하는 전술을 사용해 상대방이 승리감에 젖게 한 적이 있는가? 협상과정에서 시각적 감각을 이용해 얻고 싶은 것을 얻은 적이 있는가? 협상에서 과감하게 높은 가격이나 조건을 말하거나, 용감하게 낮은 가격을 요구해서 바라던 결과를 얻은 적이 있었는가?

예 >>

내 학생 중 한명이 중국 보험사 컨설턴트이다. 그는 8년 연속으로 전국 1위를 한 대단한 사람이다. 그가 내 수업을 듣고 나서 얼마 후 나를 찾아와 감사의 말을 했다.

"선생님! 선생님이 말씀하신 방법을 이용해 제가 집을 사는데 15만 위안(약 2,480만원)을 절약했습니다."

15만 위안은 전국 1등인 그에게는 그리 큰돈이 아닐지도 모른다. 하지만 월수입 500위안(82,000원)인 공장 근로자에게는 300달, 25년 치 월급에 해당하는 금액이다.

협상의 중요성은 아무리 강조해도 지나치지 않다. 그리고 협상을 잘하는 비결은 협상에 효과적인 전술, 전략을 끊임없이 연습하는 것이다. 연습과 추리, 실천은 당신이 커다란 가치와 이익을 얻는 데 큰 도움을 줄 것이다. 이론만 공부하고 연습하지 않는다면 그 효과는 한정적이고 단편적일 수밖에 없다.

다음은 성공적인 협상을 위한 또 다른 방법에 대해 이야기하려고 한다.

어떻게 해야 협상에서 상대방의 의도에 말리지 않고 주도할 수 있을까? 협상을 주도하는 첫 번째 간단한 방법은, '전략적으로 상사의 공간을 남겨두는 것'이다. 앞에서 비슷한 내용을 이미 말했으니 기억하고 있을 것이다. 협상에서는 당신이 결정권이 있는 사람이라는 것을 상대방이 알게 하면 안 된다. 어떤 경우에도 당신 위에 불분명한 상사, 불분명한 상부조직이 있는 것처럼 말해야 협상에서 집중적인 공격과 설득을 피할 수 있다. 사장 위에 회장이 있고, 회장위에도 이사회가 있으니 자신이 설사 사장이나 회장이라 하더라도 위에 상부 조직이 있음을 말해야 한다.

그리고 협상에서 상사나 상부조직은 모호하고 불분명하게 해야 한다. 그렇지 않으면 그가 압박의 목표가 되고 만다. 이 방법의 원칙과 이유는 두 가지가 있다.

첫째, 협상에서 당신이 결정권자임을 상대방이 눈치 채지 못하게 하라. 그렇지 않으면 협상에서 수세에 몰리게 된다.

둘째, 제안이나 조건이 변하거나 마지막 결정을 해야 할 때, 더 쟁취해야할 공간을 확보하기 위해 당신 위에 상급자, 상부조직이 있는 것을 암시해야 한다.

당신이 결정권자라고 생각하면 상대방은 협상 현장에서 결정하도록 당신을 격려하고 압박하게 되므로, 보다 많은 협상 여지를 잃게 되기 때문이다. 당신이 결정할 수 있지만 상급 단위가 있음을 말하지 않았다면, 당신은 현장에서 결정하자는 상대방의 공세를 받게 되고, 상사와 상의를 하겠다거나 상부조직과 토론 후 다시 말하자는 핑계를 댈 수 없게 되고, 결국 그 자리에서 낮은 조건에 동의할 수밖에 없는 상황이 되어버리는 것이다. 따라서 어떤 상황에서라도 당신은 상부의 동의를 얻어야 하는 처지라는 것을 상대방이 인식하게 해야 한다.

여기서 주목해야 할 것은, 전화는 언제나 당신의 상사가 될 수 있다는 것이다. 예를 들어 상대방과 절반 정도의 논의를 마쳤는데, 상대방이 10%를 할인해 준다면 사겠다고 한다. 이럴 때 어떻게 해야 할까?

' 나는 당신과 정말 이 비즈니스를 하고 싶습니다, 하지만 저는 결정권이 없으니 사장님과 논의를 해야 합니다. 저 역시 부담스럽습니다. 일단 사장님께 전화를 해서 설득해 보겠습니다.'

때로는 전화 거는 대상이 정말 사장님이 아닐 수도 있고 비즈니스와 관련 없는 일을 말하기도 한다. 하지만 상관없다. 중요한 것은 이 방법은 협상을 유리하게 이끌기 위한 전술의 하나일 뿐이다. 당신은 이 방법이 정직하지 못하고 간사하다고 생각할지도 모른다. 나 역시 비즈니스에서 이 방법의 사용을 적극 권장하지는 않는다. 다만, 정말 다루기 어려운 고객을 만났거나 결정하기 어려운 상황이라면 이렇게 불분명한 상사를 만드는 것이 도움이 된다. 이 방법은 당신이 사장이라 하더라도 현장에서 결정하지 않게 만들어준다.

≫

협상을 하는데 당신은 사장이고 당신에게 결정권이 있다는 것을 상대방도 알고 있다.

"사장님이 결정을 못한다면 누가 결정을 할 수 있습니까?"

"물론 내가 사장은 맞습니다. 하지만 내가 내 마음대로 결정한다면 담당자가 기분이 좋겠습니까? 나는 결정권의 반 밖에 없습니다. 돌아가서 이 일의 담당자와 상의를 해보겠습니다. 앞으로 이 일의 실무자는 그인데 그가 결정권이 없다면 일할 맛이 나겠습니까? 당신도 실무자이니 아마 그 마음을 이해할 것입니다."

위의 예가 분명하게 설명해 준다. 당신이 사장이고 결정권이 있지만 결정하고 싶지 않다면 실무자, 담당자와 상의를 하겠다고 하라. 이럴 때 사장의 불분명한 상사는 실무자, 담당자가 된다.

문제는 상대방이 이런 방식으로 결정을 회피한다면 우리는 어떻게 대처해야 하는가이다. 여기에는 3가지 방법이 있다.

첫째, 상사나 상부 단위 핑계를 대지 못하도록 상대방의 자존심을 자극하고 독려해 결정하도록 유도하라!

둘째, 결국은 상대방이 돌아가 상사와 상의하는 데 동의했다면, 그가 돌아가서 이 협상 성공을 위해 진지하게 설득할 수 있도록 그를 격려하고 자극하라!

셋째, 돌아가 상의하기 전에 이미 이야기된 부분을 가지고 간단한 약정서나 비망록을 작성해 서명하도록 유도하라. 만약 돌아가 상사가 동의하지 않으면 이 약정서는 무효처리하겠다고 말하며 유도하라. 이 방법은 비록 약정서나 비망록에 서명한 것이지만, 당사자는 자신이 서명했기 때문에 적극적으로 설득할 것이고, 상사들 역시 서명을 보고 이미 실무자가 동의했다면 문제가 없을 것이라는 판단 하에 비교적 쉽게 동의를 얻을 수 있다. 서면 서류는 의외로 강한 강제 작용을 한다.

상대방의 집중 공세에서 피해 의도대로 이끌려가지 않고 주도해 이끄는 방법을 다시 한 번 정리해 보자.

첫째, 당신이 결정권이 있음을 상대방이 알게 하지 말라.

그렇게 되면 당신은 협상에서 주된 공격과 설득의 대상이 되고 결국 수세에 몰릴 수밖에 없다.

둘째, 불분명한 상사를 만들어라.

상사는 반드시 한 사람이 아니어도 상관없다.

셋째, 설사 당신이 사장이라 해도 담당자나 실무자와의 상의해야 한다며 결정을 미룰 수 있다.

넷째, 협상할 때는 잠시 자존심을 내려두어라.

강한 자의식과 자존심 때문에, 자신이 결정권을 갖고 있는 실력자라는 것을 숨기지 않아 집중 공격 받아 수세에 몰리는 경우가 있다. 협상에서 중요한 것은 상대방에게 자신이 얼마나 대단한 사람인지 자랑하는 것이 아니라 유리한 조건으로 협상을 성공적으로 이끄는 것이다.

다섯째, 협상하기 전에 당신이 제안한 조건에 상대방이 만족한다면 바로 결정할 수 있다는 약속을 받아두어라.

이상, 결정권을 상사에게 넘기는 전술 사용과 대처에 관해 이야기했다. 다음은 '두 얼굴' 전술에 대해 이야기해보자.

협상에서 이 전술은 대단히 자주 활용되고 있다. 협상에 참가했는데 상대방 참가자가 두 명이라면 당신은 상대방의 '두 얼굴' 전술을 피하고 반격할 방법을 찾기 시작해야 한다.

'두 얼굴' 전략은 두 사람이 한쪽은 좋은 말, 긍정적인 말만하는 착한 역을, 한쪽은 나쁜 말, 부정적인 말만 하는 나쁜 역을 맡아, 전략적으로 서로 다른 의견을 내놓으면서 협상이 상대방에게 유리하게 흘러가면 그 흐름을 끊는 것이다. 상대방이 이런 식으로 협상에 임할 때 제어할 수 있는 방법은 직접 말하는 것이다.

'어떻게 한 분은 좋다하고 또 한 분은 안 된다 말하십니까? 귀 회사의 입장은 도대체 무엇입니까?'

'한 분은 이렇게 말하고 다른 분은 저렇게 말하는데, 저는 도대체 어느 분과 이야기를 해야 되지요?'

'두 분이 합작해서 제게 좋은 연극 한편 보여주시는 겁니까?'

이렇게 직접적으로 말하면서 상대방의 의도를 벗겨내는 것이 좋다.

또 협상에서 상대방이 자주 이용하는 전술 중 하나가 앞에서도 다룬 '조금씩 갉아먹다 한꺼번에 집어삼키는 독식 전술'이다.

먼저 작은 요구를 하고 받아들여지면 조금 큰 요구를, 그것도 받아들여지면 더 큰 요구를 하며 결국에는 원하는 모든 것을 다 얻어가는 것이다.

누에가 뽕잎을 티도 안 나게 조금씩 갉아먹지만 어느 순간에 뽕잎은 사라지고 없듯이, 상대방은 작은 요구를 해보고 당신이 받아들이면 요구는 점점 더 커지고 많아진다. 당신의 작은 결정이 결국에는 큰 결정을 불러일으키는 것이다. 이럴 때 당신은 '두 얼굴' 전술을 사용해 상대방의 계속되는 요구를 막아야 한다.

상대방의 '두 얼굴' 전술에 대한 대처법에는 다음의 몇 가지가 있다.

첫째, 앞에서 말한 대로 직접적으로 그들의 의도를 알고 있다고 밝히는 것이다.

둘째, 당신도 나쁜 역할을 할 얼굴을 찾아라.

그들에게 나쁜 역이 있다면, 당신 역시 그 역할을 할 사람을 찾아라. 상대방이 당신이 말한 조건에 답을 하지 않고 협상이 늘어질 것 같으면 다른 사람을 찾아 방금 당신이 한 말에 반대되는 이야기를 하게 하라.

'죄송합니다. 지금 이분이 말한 이야기는 회사의 현 상황을 충분히 이해하지 못한 상황에서 이야기된 것입니다. 아직 계약하지 않았으니 모든 것을 다시 새롭게 이야기합시다.'

셋째, 상대방이 계속 이 전술을 쓴다면 직접 상대방의 상사나 상부 조직을 찾아라.

'죄송합니다. 두 분 대표의 말이나 의견이 달라서 대체 어느 분의 말을 들어야 할지 모르겠습니다. 그래서 저는 결정권이 있는 분과 직접 이야기하고 싶습니다. 이렇게 가다가는 협상의 진전이 없을 것 같습니다.'

넷째, 때로는 나쁜 역할을 한 사람의 의견을 듣는 것으로 문제를 해결할 수 있다.

'당신의 생각이 가장 강한 것 같습니다. 그렇다면 어떻게 하면 좋겠습니까?'

왜 그에게 의견을 물어야 할까? 어떡하든 상대방이 먼저 조건과 가격을 말하게 해야 하기 때문이다. 부정적이고 강한 발언을 한 사람에게 묻는다면 적어도 그들의 최저 범위를 알 수 있다. 그들의 조건 범위가 아무리 낮아도 협상을 통해 풀어갈 수 있으므로 크게 걱정할 필요는 없다. 가장 무서운 것은 상대방이 무엇을 원하는지 모르는 것이다.

다섯째, 그들 전술에 대한 당신의 생각을 직접적으로 말하라.

'이제부터 저는 이분의 말이 저분의 말이고, 저분의 말이 이분의 말이라 생각하겠습니다. 두 사람의 의견을 한 의견으로 볼 테니 이렇게 저렇게 다르게 말하지 마시길 바랍니다. 한분은 저를 몰아붙이고 한분은 저를 도와주시는 것 같은데, 결국은 두 태도가 모두 같은 것 아닙니까? 그러니 의견이 달라도 한 사람의 생각이라 여기고 대처하겠습니다.'

이렇게 해서 그들이 그 전술을 더 이상 사용하지 못하게 막을 수 있다.

여섯째, 상대방 신분의 가면을 벗겨라.

'계속 부정적인 의견과 제 의견을 수용하지 않으시는 저 분은 변호사인 줄 알고 있습니다. 아마 전체 협상의 조건을 조율하기 위해 오신 거겠지요?'

실제로 협상에는 변호사, 회계사 같은 전문인들이 참가하는 경우가 많다.

>>

　미국의 카터 대통령과 레이건 대통령의 예를 들어보자. 두 대통령의 임기 중에도 이란의 인질 사건들이 많이 일어났다. 카터의 온화한 정책에 일부 미국 국민들의 여론이 별로 좋지 않았다. 카터의 임기 동안 이란의 인질납치 사건이 또 일어났다. 레이건은 이때를 틈타 카터에게 '두 얼굴' 전술을 사용했다.

　인질 사건에 대한 논평으로 방송에 출연한 레이건은 이렇게 말했다. "이란 테러리스트들이 알아야 할 것이 있습니다. 지금의 카터 대통령은 아주 좋은 사람이지요. 만약 지금 카터 대통령의 임기 때 납치 행위를 멈추지 않는다면 내가 대통령이 되면 당신들은 아마 대단히 힘들 것입니다."

　이것이 바로 흰 얼굴 검은 얼굴 전술의 전형이 아닌가? 그는 카터가 좋은 사람이라고 추켜세운 것 같지만, 실은 그 점에 불만인 미국 국민들에게 카터를 이용해 자신의 강한 면을 부각한 것이다. 특히 레이건은 서부영화에서 영웅으로 많이 출연했기에, 사람들은 그를 떠올리며 권총을 든 강한 사람으로 기억한다.

　위의 예에서 보듯이, 국제사회에서도 이 전술은 잘 활용된다. 레이건이 당선되면서 이란의 납치 테러는 잠시 주춤해졌다. 카터는 착한 얼굴이고 레이건은 나쁜 얼굴이기 때문이다. 주목해야 할 것은 미국의 현재 정치도 마찬가지라는 것이다. 라이스 국무장관이 임명된 후 이전의 방법과는 다른 방법을 많이 사용하고 있다. 그녀는 부시 측근이라는 관계를 이용해, 때로는 흰 얼굴이 되었다 때로는 검은 얼굴이 되기도 한다. 라이스 국무장관은 많은 나라들과 흰 얼굴로 교류를 하고 싶다고 한다. 사실 이 전술 안에서 현재 미국의 정치, 외교가 비교적 탄력적으로 운영되고 있다. 미국이 이라크를 침공했을 때 프랑스와 더불어 독일을 적극적으로 비판했었다는 것을 기억할 것이다. 하지만 새로운 독일 수상이 당선되고 나서 제일 처음 한 일이 미국과의 관계 개선이었다. 그녀가 그렇게 할 때 만약 독일 정부에서 압력이 있었는데, 어쩌면 독일의 국민은 반대를 하며 나쁜 역할을 하고, 그녀는 착한 역할을 했을지도 모른다. 이처럼 이 전술은 국제 정치에도 사용될 만큼 대단히 중요한 전술 중 하나이다.

03 협상의 장애물과 교착 상태를 해결하는 방법

협상 과정에서 종종 3가지 상황의 어려움이 닥친다.

첫째, 장애물.

협상에서 가장 큰 장애물은 주요 의견이 엇갈리는 것이다. 의견이 엇갈리는 상황이 심각해지면 협상 성사에 위협이 되지만 의견이나 보는 관점이 다른 가벼운 상황에서는 완전히 해결되지 않더라도 협상은 계속 이어진다.

둘째, 조바심.

계속 토론은 하고 있는데 문제 해결을 위한 방법을 찾지 못하고 소강 상태에 빠지면, 모두들 초조해지고 조바심을 느끼고 그로 인해 상황은 더욱 악화되기도 한다.

셋째, 교착상태.

교착상태란 협상이 더 이상의 진전 없이 쌍방 모두 계속 이야기를 할 수 없는 상황이라고 여기는 것이다.

　장애물, 조바심과 교착상태는 상황의 심각한 정도가 다르기 때문에 각각 다른 방법으로 풀어가야 한다.

　협상의 순조로운 진행을 막는 장애물을 만났을 때 가장 간단한 반격 기술은 '우회법'이다. 협상을 방해하는 장애물 중에서 의견이 엇갈리는 상황이 가장 보편적이다. 이 상황은 심각해지면 협상 진행에 위협이 되기는 하지만, 그렇다고 더 이상 이야기할 수 없는 상황은 아니다. 따라서 이럴 때 우회법을 사용해 상대방이 이 주요 장애물을 잠시 잊고 다른 작은 일들을 먼저 해결하게 하는 것이다. 의견이 통일되는 작은 사안이 쌓이다 보면 협상의 원활한 진행에 큰 동력이 되고, 때가 되면 장애물은 비교적 쉽게 해결된다.

 >>

　상대방과 장시간 협상을 통해 대부분의 문제는 해결이 되었는데, 가격에 대한 의견이 엇갈려 마지막 결정을 앞에 두고 난항을 겪고 있다. 이럴 때 당신은 어떻게 대응하겠는가?

　"사장님! 지금까지 가격에 있어서는 아직 쌍방 모두 만족하지 못하고 있습니다. 쌍방이라고 말한 이유는 사장님도 불만족스럽지만 저 역시 불만족스럽기 때문입니다. 협상은 양쪽 모두의 일입니다. 제가 주장한다고 해서 그 조건에 만족하기 때문은 아닙니다. 제 마음을 알아주시기 바랍니다. 그렇다면 사장님, 가격 부분에서 저희 모두 만족하지 못하지만 만약 가격이 만족스럽게 조정된다면 주문량은 컨테이너 3대 물량입니까? 5대 물량입니까?"

"가격만 맞는다면 5대 분량을 주문할 것입니다."

"좋습니다. 그럼 5대 컨테이너 물량에 가격이 만족스럽다면 현금으로 하시겠습니까? 어음으로 하시겠습니까?"

"가격이 맞으면 어음으로 결재할 것입니다."

"좋습니다. 5대 컨테이너 물량에 3개월짜리 어음으로, 맞습니까? 그럼 만약에 일이 성사되면 나머지 일은 제가 처리하는 게 좋겠습니까? 아니면 다른 직원에게 맡길까요?"

"당연히 당신이 해야지요. 협상을 하면서 언성도 높이고 언쟁도 했지만 그래도 서로 사정도 잘 알고 하니."

"알겠습니다. 제가 하지요. 그럼 가격이 맞으면 이 물건은 바로 출하할까요? 아니면 3개월 후에 출하할까요?"

"농담하십니까? 바로 출하해야지요.

"좋습니다. 사장님. 가격 부분에서 쌍방 모두가 만족하는 결과를 이끌어내지 못한 상황에서, 일단 가격을 만족스럽게 조절한다는 상황 하에서 사장님은 다음을 동의하셨습니다. 제가 한번 정리해 보겠습니다. 물량은 컨테이너 5대 분량, 3개월짜리 어음으로 지불하고 이후 일은 제가 맡아서 처리하며 바로 출하한다, 맞습니까? 사장님. 오늘 바로 어음을 발행한다 해도 3개월 후에나 지불하시면 됩니다. 하지만 저희는 바로 출고하니 사장님께 대단히 유리한 조건입니다. 이런 조건을 다 수용하는데 작은 가격 문제가 가지고 협상이 결렬된다면 얼마나 안타까운 일입니까?"

앞의 예는 우회법을 통해 부수적인 다른 문제를 해결하고 나면 원래의 문제가 큰 문제가 되지 않게 되고, 장애물은 처리된 것을 보여준 것이다. 따라서 어떤 장애를 만났을 때, 우선은 장애물을 옆에 치워두고 다른 문제들을 먼저 해결하는 것이 좋은 방법이다. 여기서 주의해야 할 것은, 장애물을 만났을 때 장애물과 교착상태를 혼돈해서 이야기하지 않아야 한다. 장애물은 아직 교착상태에 이르지 않은 상태로 해결이 훨씬 간단하다. 장애물은 잠시 옆에 놓아두고 다른 문제를 먼저 처리함으로써 심각성이 희석된다.

초조함은 계속 토론이 이루어지고 서로의 반응과 움직임도 있지만, 아직 가장 좋은 방법을 찾지 못할 때 일어난다. 가격을 낮추는 방법 말고는 다른 방법이 없어 더 이상 진전이 이루어지지 않을 때 마음은 초조해지고, 이런 상황에서는 아무리 이야기를 해도 결과를 얻을 수 없다.

이런 상황이 발생할 때 참고할 7가지 방안을 이야기하자면,
첫째, 협상 장소를 바꿔라.
이상하게도 장소를 바꾸면 심경도 달라지고 결과도 달라지는 경우가 있다. 카페를 옮기거나 다른 사무실로 옮기는 등의 새 환경으로 바꾸면 새로운 가능성, 새로운 정보가 생길 수도 있다. 특히 쌍방 모두 머리를 맞대고 장시간 집중해서 이야기하다보면 머리도 아프고 답답해진다. 이

럴 때 잠시 현장을 떠나 신선한 공기를 마시고 나면 지금까지 했던 이야기를 맑은 머리로 새롭게 바라볼 수 있다.

'아니, 뭐 그런 사소한 일로 이렇게 오래 시간을 끌었지?'

'별것 아닌 일로 왜 그리 초조해했을까?'

이처럼 환경을 바꾸는 일이 초조함을 없애는 데 도움이 된다.

둘째, 긴장된 표정을 부드럽게 바꿔보라.

'자, 이 머리 아픈 이야기는 잠시 접어두고 음악이나 한곡 들으며 좀 쉽시다. 이런 상황에서는 이야기해봐야 더 이상 진전이 없을 것 같습니다.'

긴장된 표정을 부드럽게 바꾸고 분위기를 전환시켜라. 초조하고 긴장될수록 의견은 점점 더 대립되고, 대립하면 할수록 해결은 더욱 어려워진다.

셋째, 초조함은 대부분 가격문제에서 비롯된다. 이럴 때 재무 방면의 사항을 조절하거나 재안배하는 것도 좋은 방법이다.

협상에서 가격문제는 가장 이야기하기 어렵고 또 핵심적인 문제이므로, 이것이 해결되지 못하면 협상의 성사는 어렵다. 이럴 때 재무 방면의 상황을 다시 안배하거나 지불 방식을 바꾸는 것으로 이 상황을 타개할 수 있다. 일시불이 어렵다면 나눠서 지불하는 방식 등을 생각해 제안할 수 있다. 이런 조정을 통해 해결하기 어렵던 문제를 어느 정도는 해결할 수 있다.

넷째, 협상장소의 분위기를 바꿔라.

음악을 튼다거나 차나 커피 한 잔으로 경직되고 초조한 분위기를 바꿀 수 있다. 사람의 감성은 예민해서 좋은 음악이나 커피 향으로 정서가 안정되고 밝아질 수 있다. 협상장소가 의자와 테이블 말고는 아무것도 없는 딱딱한 분위기일 필요는 없다. 부드러운 색의 테이블보를 사용하거나 스탠드 불빛 하나만 바꿔도 분위기는 달라진다.

다섯째, 협상 참여자를 바꿔본다.

협상 회의에 다섯 명이 참여해서 논의를 하는데 별 진전이 없어 초조해지고 분위가도 가라앉는다면, 그중에 한두 명 정도를 교체해보라. 새로운 협상자의 참여로 협상 분위기가 달라질 수 있다.

여섯째, 상대방이 가장 어려워하거나 싫어하는 것 같은 협상자를 교체하라.

협상을 오래 하다보면 나중에는 조건이 문제가 아니라 감정이나 정서상의 문제도 개입하게 된다. 따라서 필요하다면 보기에 상대방이 불편해하거나 싫어하는 기미가 보이는 우리 편 협상자를 교체하라. 보통 이 사람은 협상에서 악역을 맡는 사람인데, 결국 협상에서 가장 중요한 것은 성공적인 결과를 얻는 것이다.

다음으로 협상이 교착상태에 빠질 경우, 유일한 길은 제 3자의 도움을 받는 것이다. 중립적 입장의 사람이나 중재인을 통해 전반적인 협상 진행과 해결되지 않는 문제에 대해 중재를 하는 것이다. 교착상태에서 벗어나기 위해서는 몇 가지 방법이 있다.

첫째, 제 3자를 협상에 적극적으로 끌어들여 그를 통해서 교착상태에 빠진 상황을 벗어난다.

둘째, 제 3자는 중립적 입장의 사람이거나 전문 중재인이어야 한다. 함께 해결 방안을 찾고 쌍방의 동의를 거쳐 결정한다. 만약 중재자가 새로운 방안을 제출한다면 쌍방은 모두 중재인의 결정을 따라야 한다. 이는 반드시 지켜야하는 대단히 중요한 일이다.

내가 종사하는 업계에서도 이런 일은 자주 일어나는데, 예를 들어, 업계에서 대규모의 논단대회를 열 때는 많은 사람들이 함께 일한다. 합작을 할 때 논단대회 입장료는 똑같이 하자고 결정하는데, 간혹 이 규정을 어기는 사람들이 있다. 들인 비용은 많은데 가격이 높아 회수가 되지 않을까봐 슬쩍 표 가격을 내리는 것이다. 한 사람이 내리면 다른 사람도 슬며시 내리고 결국 혼란스럽게 되어버린다. 이런 상황이 되면 주최 측이 나와 중재를 하게 되고, 주최 측이 내린 결정은 모두 반드시 따른다. 협상에서도 사전에 충분히 논의한 후 중재자가 내린 결정은 무슨 일이 있어도 따라야 하고, 지키지 않는다면 협상 계약에서의 권리를 상실한다는 엄격한 규정을 정해놓아야 한다.

그리고 협상에서 원활한 진행이 되지 못하거나 성사되지 못해 중재자를 개입시키는 것은 부끄러운 일이 아니라는 것을 명심해야 한다. 이것은 결코 실패의 상징이 아니다. 목표는 문제를 해결하는 것이고, 이 문제 해결을 위해 합당한 중재자의 개입은 전혀 나쁜 일이거나 부끄러운 일이 아니다. 중재자의 개입은 보다 효과적으로 문제를 해결하기 위함이다. 단 중재자는 반드시 쌍방이 모두 신임할 수 있는 중립적 입장의 사람이어야 한다. 자주 일어나는 상황은 아니지만 간혹 중재자가 양쪽 중 어느 한쪽의 사람일 경우가 있다. 이럴 때 이미 이 사람은 중립적이거나 제3자의 태도를 가지기 어렵다는 전제가 있기 때문에, 먼저 중재자 스스로가 자신 쪽의 요건을 낮추고 양보해 성의를 보임으로써 상대방의 신뢰를 얻는 것이 좋다. 이런 양보를 통해 상대방에서도 중재자를 믿고 논의할 수 있는 분위기가 형성된다.

또 하나 주의해야 할 것은, 교착상태를 결코 넘어설 수 없는 상황으로 여기지 말라는 것이다. 뛰어난 협상가가 되려면 때로는 과감하게 협상 테이블을 벗어날 용기도 필요하다. 대충 양보하며 일을 성사시키려 하다가는 당신의 마지막 보루도 잃을 수 있기 때문이다. 협상에서 완전한 해결방안을 얻을 상황이 아니라면 용감하게 협상테이블을 떠나라. 협상을 성사시키기 위해 무조건 양보하다가는 원래 가지고 있던 좋은 조건도 잃고 만다.

이어서 양보의 방식에 대해 이야기해보자.

간혹 양보하는 방식 때문에 협상이 교착상태에 빠지는 경우가 있다.

당신이 어떤 물건을 산다고 가정해보자. 처음 가격은 9만원을 불렀고, 당신이 지불할 수 있는 최고가는 10만원이다. 주의해야 할 것은 상대방 반응에 따라 조금씩 양보하며 가격을 올려야 한다는 것이다. 반대로 파는 입장은 처음가격은 11만원을 불렀지만, 10만원까지 낮춰줄 수 있는 상황이라고 하자. 이때 가격에 대한 쌍방의 조건과 부담은 같다. 시작가격은 사는 쪽은 9만원, 파는 쪽은 11만원을 불렀지만 성사 가능 가격은 모두 10만원으로, 양쪽에서 각각 1만 원씩 양보하면 협상은 성사된다. 그렇다면 그 1만원을 어떻게 양보하느냐 하는 것이 협상의 관건이다. 당신의 양보방식을 통해 상대방은 머리속에 어떤 규칙을 그리게 되기 때문이다.

1만원을 양보하는 데에도 몇 가지 방법이 있다.

첫째, 1/4로 나누어 한번에 2,500원씩 양보하며 반응을 살피는 방법이 있다.

둘째, 두 번으로 나누어 한번에 5,000원씩 올리는 방법이 있는데, 1만원 밖에 여유가 없으므로 두 번으로 끝이 나고 만다.

셋째, 한두 번은 절대 양보하지 않겠다고 버티다가 세 번째 쯤에 바로 1만원을 양보해 10만원으로 올리는 방법이 있다. 하지만 이 방법은 상대방이 여전히 더 좋은 조건이 있으리라는 기대심리가 있기 때문에 성사되기 어려울 수도 있다.

넷째, 바로 1만원을 올린 후 그 다음부터는 절대 양보하지 않는 방법. 이 방법도 세 번째와 마찬가지 이유로 성사되기 어렵다.

다섯째, 조금씩 늘려가며 양보하는 방법. 2천원, 3천원…. 하지만 당신의 예상은 합쳐서 1만원이지만, 상대방은 점점 늘어나는 가격에 역시 더 올라갈 것이라는 기대 심리가 생긴다.

여섯째, 다섯째와 반대로 금액을 줄여가며 양보하는 방법. 3천원, 2천

원, 천원…. 이 경우 다섯째와 반대로 상대방은 점점 줄어들 것이라 예상하기 때문에 결국은 더 이상 양보할 수 없는 상황에서 성사될 확률이 높다.

여러 방법을 놓고 비교해보면 마지막 여섯째 방법이 가장 좋다. 조금씩 줄이면서 더 이상 줄일 공간이 없다는 것을 상대방도 머릿속으로 생각하기 때문에 마지막 단계에서 성사될 확률이 높은 방법이다.

가격을 내리거나 올리는 것은 협상의 성사와 쌍방 모두의 만족을 위해 양보할 수 있는 범위 내에서는 양보해야 한다. 다만, 다음의 몇 가지를 유의해야 한다.

1. 가격을 조정하는 방법이 상대방에게 예측 기대심리를 갖게 만든다.

2. 고정된 금액으로 조정하는 것은 피하라. 예를 들어, 한 단계 양보할 때마다 일괄적으로 1만 원씩 조정하는 것은 좋은 방법이 아니다.

3. 마지막 단계에서 한 번에 대폭 가격 조정하는 것을 피하라. 상대방은 원래 이렇게 조정할 수 있었으면서 오랜 시간을 끌며 거부했다고 나쁜 감정을 갖게 된다.

4. 상대방이 가격을 문제로 들며 협상을 포기하려 한다 해도 자신의 권리를 포기해서는 안 된다.

마지막으로, 한 가지 조건 때문에 협상이 더 이상 진전 없이 교착상태에 빠졌을 때 할 수 있는 최후의 방법은 위협이다.

"더 이상 이 문제로 인해 결론을 내릴 수가 없다면, 이전에 제가 답했던 일들에 대해서도 다시 생각해봐야 할 것 같습니다."

이렇게 위협적인 어조로 상대방이 원래 얻을 수 있었던 것들도 보장할 수 없다는 말은 상대방이 스스로 결정할 수 있게 만든다.

덧붙여 상대방이 결과를 기쁘게 받아들이게 하려면 마지막에서 약간의 혜택을 주어 그가 자신의 결정에 만족할 수 있는 이유를 찾게 만들어주는 것도 좋은 방법이다. 사람은 언제나 작은 것에 약하기 때문에 이 방법은 의외로 효과적이다.

마지막으로 협상 결과가 어찌되든 상대방을 칭찬하는 것도 잊어서는 안 된다. 상대방의 일처리 능력이나 태도, 느낌에 대해서는 가능한 많은 칭찬을 해주어야 한다. 비즈니스계에서는 언제든 다시 만날 기회가 있기 때문이다.

04 속마음을 털어놓고 각자가 원하는 것을 가져가라

협상에서 상대방의 속마음을 알아 그의 요구를 만족시키고 자신의 이익을 보호하는 일은 매우 중요하다.

인질 협상 기술을 예로 들어보자. 이라크는 미국이나 서방 국가를 대상으로 인질을 잡아 자신의 요구를 관철시키고자 하고, 이에 대응해 각국은 전문 협상가들을 파견해 인질 협상을 벌인다. 인질 협상은 협상 중에서도 가장 어려운 협상이다. 따라서 여기서 몇 가지 기술과 방법을 배운다면, 이후에 어떤 협상을 만나도 그렇게 어렵지 않을 것이다.

협상과정에서 때때로 상대방이 불쾌해서 화를 내는 상황을 만날 수 있다. 표정이나 분위기로 알 수 있기도 하지만 때로는 직접적으로 화가 났다고 말하며 인터넷에 알리겠다는 등, 다른 사람에게 당신들과 비즈니스를 하지 말라고 하겠다는 등 각종 보복의 말들이 쏟아져 나오기도 한다. 이런 상황을 맞닥뜨리게 되었을 때 다음의 몇 가지 방법으로 긴장 국면을 부드럽게 풀 수 있다.

첫째, 상대방에게 무엇을 생각하는지 물어보라.

예를 들어 상대방이 화를 내며, '이 문제를 해결해주지 않는다면 인터넷에 올려 모두가 이 일을 알도록 하겠다.'고 위협적인 발언을 한다면, 일단 생각하는 바가 무엇이고, 무엇을 원하는지 물어봐야 한다. 그가 화를 내며 그렇게 하겠다고 하지만 실제로 그렇게 하려는 것은 아니다. 그가 진정으로 원하는 것은 구입한 물건이 불만이거나, 고객에 대한 관심이 없다거나, 그의 권익이 손상을 받았거나 해서 그것에 대한 보상이나 대책을 요구하는 것이다. 따라서 가장 먼저 그가 진정으로 원하는 것이 무엇인가를 알아내는 것이 우선이지, 그의 반응에 바로 반응을 보이거나 그와 교섭하려 해서는 안 된다. 주의할 것은 반응과 호응은 다르다는 것이다. 화가 난 상대에게는 반응이 아니라 호응이다. 반응은 생각 없이 즉각적으로 보이는 행동이고, 호응은 사고를 통해 상대방의 감정을 이해하며 해결방안을 생각해 보는 행동이다. 따라서 당신은 상대에게 생각을 통해 해결방안을 제시해야지, 직접적이고 즉흥적인 반응을 해서는 안 된다. 쌍방모두 감정적으로 흥분된 상태라 바로 대응을 한다면 좋은 해결방안을 얻지 못할 것이다. 때문에 우선은 그가 진짜 원하는 것이 무엇인지 파악해야 한다.

둘째, 정보의 교환.

당신이 알고 있는 모든 것을 상대에게 알려주고, 상대방에게 같은 요구를 한다. 때로는 고객이 왜 화가 났는지 몰라 곤혹스러운 경우가 있다. 예를 들어, 어떤 손님이 물건을 샀는데 불량품이었다. 그는 물건을 교환하려고 구입한 곳에 갔는데, 주인은 잘못을 인정하지 않고 오히려 그에게 욕하고 경비원을 불러 쫓아냈다고 하자. 이런 상황이면 그는 본사로 달려와 자신의 권리를 주장하며 화를 낼 수도 있다. 때문에 어떤 일이 있었는지 무엇이 문제인지 모든 것을 알려준다면, 본사에서 거기에 합당한 처리를 하겠다고 약속하는 것이 바로 정보의 교환이다.

셋째, 타협점을 찾아라.

쌍방 모두 받아들일 수 있는 정도와 방법을 찾아야한다. 여기에서 앞서 잠시 언급한 인질 협상 과정에서 배워야 할 것이 몇 가지 있다.

1. 일단 상대방이 하고 싶은 말이나 요구 조건을 모두 들어주기.

불만이나 벌어진 일, 요구조건 등 전말을 모두 듣고 나서 판단해라. 그렇지 않으면 비이성적인 결정이나 대응을 하게 된다.

2. 상대방의 상황을 살피기.

상대방이 누구이고 어떤 성향을 가졌는지 판단해야 한다. 이렇게 하기 위해서는 정보 수집이 필요하다. 가장 손쉬운 방법으로는 상대방이 자신의 상황이나 요구조건을 이야기할 때 옆에서 맞장구를 쳐주거나 감탄사를 통해 상대방이 더 많은 말을 할 수 있도록 하는 것이다. 이를 통해 상대방이 흘리는 말속에서 유용한 정보를 수집할 수 있다. 어디서 왔고 무엇을 원하고 왜 이렇게 하는지 이해할 수 있는 바탕이 된다. 영화 속에서도 인질범이 나오면, 경찰들은 그의 어린 시절부터 전과기록까지 모든 정보를 속속들이 파악하는 것처럼, 고객의 항의를 받았을 때 그의 구매기록, 금액, 구매 후에 환불이나 다른 모든 정보들을 알아두어야 정확하게 대처할 수 있는 것이다.

3. 타협점 찾기.

타협점을 찾을 때 생각해야 할 것은, 어떻게 해야 고객을 만족시킴과 동시에 당신의 이익을 지킬 수 있는가 하는 점이다. 따라서 고객이 원하는 것을 모두 들어주겠다고 해서는 안 된다. 고객을 만족시키기 위해 모든 손실을 떠안을 수는 없는 것이다. 전체 협상과정에서 얻을 수 있는 정보를 모두 수집하고 이성적인 해결방법을 생각한 다음, 한 걸음씩 맞춰가야 한다. 앞에서 말한 것처럼 먼저 상대방이 원하는 것이 무엇인지 알아야 한다. 만약 당신이 먼저 의사를 표시하게 되면 당신은 열세에 처하게 되므로, 가능하면 상대방에게 먼저 의사를 표시하게 해야 당신이 우세한 상황이 된다. 이는 1장에서 말한, '상대방이 먼저 조건을 제시하게 하라'와 같은 맥락이다.

상대방의 이야기를 듣다 보면 상황을 이해하게 되고, 또 그의 요구는 쉽게 해결되기도 한다. 따라서 고객에게 먼저 무엇을 원하는지 모든 것을 이야기하게 한 다음 당신은 준비한 대책에 따라 대처하면 된다.

마지막으로, 협상이 마무리될 때 지켜야 할 기본 규칙에 대해 이야기 해보자.

1. 계약서 초안을 작성할 때는 가능하면 당신 쪽에서 해야 한다.

상대방이 작성하게 되면 당신은 그것을 토대로 그저 몇 가지 사항을 첨가할 수 있을 뿐이며, 변경이나 수정 사안이 많아지면 상대방과 껄끄러워질 수 있다. 반면 당신 쪽에서 계약서 초안을 작성한다면, 상대방은 초안의 범위 내에서 적당하게 첨가하거나 수정할 수밖에 없다. 따라서 계약서 초안은 반드시 당신 쪽에서 하는 것이 좋다.

2. 협상과정에서 상대방에게 당신이 노련한 협상의 고수임을 느끼게 하지 말라.

협상에서 한 사람의 태도나 대처방법이 뛰어나서 강세에 놓이게 되면, 특히 비즈니스에서는 상대방은 점점 더 그를 공격해 꺾어놓고 싶어 하는 심리가 있다. 따라서 가능하면 자신의 능력을 지나치게 드러내서 는 안 된다.

3. 협상 과정에서, 특히 계약서 초안을 작성하는 과정에서 당신의 조건을 변경하지 말아야 한다. 이미 확답을 하거나 받은 것을 서면으로 기록해 두었다면 마음대로 변경해서는 안 된다. 서면으로 작성해 놓은 것조차 바꾸려한다면, 상대방은 나중에는 설사 서명된 계약서라도 바꿀수 있다고 생각할 수 있다. 때문에 어떤 상황에서도 이미 쌍방이 협의된 조건에 대해서는 바꿔서는 안 된다. 상대방이 어떤 부분에 대해 바꼈으면 좋겠다고 정식으로 요청한다면 다음의 순서로 대처하라.

― 변경을 원하는 사항을 서면으로 요구한다.

- 자신은 결정권이 없고 상사의 의견이 어떤지 알 수 없다고 한다.

- 상사와 상의해본다.

- 정말 안 될 경우에는 상사와 상의해 봤으나 방법이 없다고 한다. 당신을 돕고 싶었으나 내 권한 밖이라 말하며 위로한다.

정식으로 요청을 받아 도와주려고 노력을 했으나 안 되었으니, 상대방에게 당신은 최선을 다했다는 인상을 심어주면서 자연스럽게 거절할 수 있다.

협상과정에서 다음의 몇 가지 사항에 대해서는 주의 깊게 살펴야 한다.

첫째, 상대방의 몸동작을 잘 살펴 어떤 변화가 있는지 파악하라.

사람의 몸동작을 통해 심리를 파악할 수 있다. 이야기를 하면서 몸이 점점 상대방을 향해 앞으로 다가오는 것은 그 일이나 물건에 대해 믿음이 깊어지고 있다는 의미이다. 따라서 상대방의 몸동작을 통해 협상 성사의 가능성을 타진할 수 있다.

둘째, 숫자나 언어에 주목하라.

상대방이 메모를 할 때 숫자를 많이 쓰거나 아주 세세하고 분명하게 나누어서 쓴다면 숫자의 함정에 빠지지 않도록 주의하라. 또 의사들이 진찰할 때 영어나 라틴어, 전문용어를 써서 환자들이 못 알아보는 것과 같이, 상대방이 글을 쓰거나 말을 할 때 당신이 못 알아보는 글자나 언어를 사용할수록 주의 깊게 지켜봐야 한다.

예를 들어 당신이 프랑스 사람들과 협상을 한다고 하자. 영어로 문제없이 진행했고 협상 과정도 순조로웠다. 그런데 갑자기 그들이 자기들끼리 불어로 이야기한다면 그때부터 주의해서 지켜봐야 한다. 다른 사람들이 못 알아듣는 언어로 자기들끼리 이야기한다는 것은 무언가 상의를 한다는 것이고, 그것은 협상 타결의 가능성이 높아진다는 의미이다. 그렇지 않다면 굳이 못 알아듣는 언어로 이야기할 필요가 없는 것이다. 그들의 요구가 이제 마지막 결론으로 접어들고 있다는 의미이니 더 자세하게 토론을 이어가야 한다.

셋째, 고의적으로 숫자들을 보여주는 행동에 주의하라.

상대방의 물건 가격은 다른 데에 비해 2천 달러가 비싸다. 그들은 이렇게 말하기 시작한다.

"예, 맞습니다. 다른 회사의 제품은 1세트에 8천 달러지만 우리 회사 제품은 1만 달러입니다. 그러나 2천 달러가 비싼 만큼 우리 제품은 다른 회사 제품보다 2년을 더 사용할 수 있습니다. 다른 회사 제품을 1년 동안 사용할 수 있다면 우리 제품은 3년을 사용할 수 있다는 이야기입니다. 결국 다른 회사 제품은 1년 사용 후 다시 구입해야 하지만, 우리 제품을 사면 1년에 1천 달러 정도의 비용만 더 소모될 뿐입니다."

상대방이 이렇게 숫자 게임을 시작하면 주의해서 판단해야 한다. 상대방은 이런 방법으로 당신의 관심을 가격문제에서 벗어나 다른 회사보다 우수하다는 점으로 돌리려고 하는 것이다. 따라서 이럴 때는 그의 이야기가 진짜인지 거짓인지 냉정하게 판단해야 한다.

넷째, 서면으로 작성된 문서의 힘을 믿어라.

보통 사람들은 서면 자료를 믿어 자신이 직접 쓴 문건이나 눈으로 볼 수 있는 자료를 믿는다. 따라서 어떤 상황에서도 문서로 자료를 남기는 것이 좋다.

특히 계약할 때나 협상할 때 문서로 남길 자료가 없다면 더 이상 계속하지 말고 필기할 수 있는 것들을 찾아라. 요즘에는 회의 중 협의된 내용이나 계약서를 이메일로 주고받는 경우가 많다. 하지만 이메일의 경우 종종 실수가 일어난다. 계약서 조항이 36항이라고 하자. 상대방이 정리해서 이메일로 보냈는데 27항에 문제에 있어서 수정을 요청했다. 상대방이 다시 고쳐서 보내와서 보니 27항이 제대로 고쳐져 있었다. 하지만 이때 상대방이 27항뿐만 아니라 23, 26, 30, 31항도 고쳤다면 어떻게 될까? 보통 사람들은 문제 있는 부분만 제대로 고쳤나 확인할 뿐 처음부터 다시 검토하지는 않는다. 믿기 때문에 그렇게 하지만, 때때로 그렇지 않은 경우가 있다. 이렇게 되면 나중에 문제가 생겨도 할 말이 없게 된다. 계약서를 꼼꼼하게 검토하고 확인하는 것은 당신의 몫이기 때문에 누구에게도 뭐라고 항의할 근거가 없게 되는 것이다. 따라서 가능하면 현장에서 서로 문서로 작성해 확인하고 처리하는 것이 좋다.

협상은 공평하게 이루어져야 한다. 가능하면 모든 것을 동원해 상대방이 하기 싫어하는 것이 무엇인지 파악해 같이 해결해 나가는 것이 쌍방 모두 승자가 되는 WIN-WIN 협상이 된다.

WIN-WIN 협상을 위해 다음의 몇 가지를 주의해야 한다.

1. 협상 시 한 가지 사안에만 매몰되지 말고 상대방을 다방면에서 만족시킬 수 있도록 하라. 예를 들어 가격이 좀 비싸다면 가격문제에만 매달리지 말고, 가격은 높지만 뛰어난 품질, 뛰어난 서비스가 뒷받침되고 있다는 것을 알게 해야 한다. 즉, 협상에서 자신이 갖고 있는 갖가지 우세함을 함께 토론해야 한다.

2. 당신이 원하는 것은 상대방도 원할 것이라는 예상은 하지 마라.

각자의 입장이 다르고, 각자가 가지고 있는 조건이 다르므로 당연히 요구사항도 다를 수밖에 없다.

3. 지나친 욕심을 부리지 마라.

협상에서 모든 것을 다 가져갈 생각을 해서는 안 된다. 얻을 것은 얻어야겠지만 안 되는 것은 포기할 줄도 알아야 한다.

4. 협상이 끝나도 관계를 소중히 여겨라.

협상이 성공적으로 끝나건 실패로 끝나건 상대방에게 존경의 말과 협상과정에 대한 즐거움을 알려라. 작은 성의를 보이는 것도 좋고 말로도 좋다. 성사된 협상이라면 그는 자신이 승리자가 된 것 같은 만족감을 느낄 테고, 실패한 협상이라도 언젠가는 다시 일하고 싶은 느낌을 갖게 될 것이다. 비즈니스에서는 영원한 고객도 영원한 적도 없다.

앞에서 말한 이야기들을 종합적으로 정리해 보자.

협상과정에서 알아야 할 것은,

하나, 사람마다 다른 특징을 파악하라.

사람마다 성격이 다르듯 협상 스타일이 다르다. 상대방의 스타일을 파악하고, 협상 방식을 존중하면서 대처해야 가장 좋은 결과를 얻을 수 있다. 오로지 자신의 방식이나 스타일을 고집하는 것은 협상을 어렵게 만든다.

둘, 각각의 입장이 다름을 인정하라.

사는 사람과 파는 사람 모두 각자의 최종 달성 목표가 있다. 당신의 목적을 달성하는 동시에 상대방이 목적을 달성할 수 있게 도와주어야한다. 이는 절대 변하지 않는 상도이다.

셋, 상대방이 승리자라는 느낌을 갖게 하라.

이야기에서 이겼다는 것은 일종의 감정일 뿐이다. 상대방이 이런 느낌을 갖도록 기회를 계속 만들어라. 승리자의 느낌이라는 것은 인정 받고, 칭찬 받고, 격려 받고, 존중받았다는 느낌이다. 따라서 당신은 끊임없이 상대방을 칭찬하고 긍정하고 존중해 주어, 그가 승리했다고 믿게 만들어야 한다.

넷, 해결 안 되는 의제에만 집중하지 말고 먼저 다른 것부터 해결하라.

협상 시 해결이 안 되는 부분이 있다면, 일단 해결하기 쉬운 다른 것부터 처리한 후 다시 시작하라. 좋은 기분으로 다시 하다보면 의외로 풀릴 수 있다.

다섯, 상대방의 목표 달성을 돕는다고 해서 자신의 이익은 잃는다고 생각하지 마라.

사실 협상에서 상대방이 얻고자 하는 것을 얻도록 도와주는 것은 자신이 기대하는 결과를 얻는 것이기도 하다. 한 박사가 강의에서 이런 말을 했다.

'무엇이 부를 창조하는 것인가? 당신이 다른 사람을 돕고자 원하고, 더 많은 사람들을 위해 서비스를 하고 돕기만 한다면, 당신은 점점 더 부자가 될 것이다.'

그의 말이 정확하다. 상대방을 진심으로 돕고자 하면 어느 순간에 당신이 얻고자 하는 것을 얻게 된다.

여섯, 지나친 욕심은 버려라.

다 가지려 하지 말고 상대방에게도 주어라. 당신에게 분명 보답으로 돌아온다.

일곱, 작은 선물을 통해 관계를 긴밀히 맺어라.

협상이 끝나면 작은 선물을 상대에게 건네라. 작은 선물을 통해 계속 관계를 맺을 수 있고, 이후에 다시 합작할 수 있는 기초를 다져라.

무엇이 진정으로 훌륭한 협상인가? 성공적인 협상은 다음의 몇 가지 사항을 포함한다.

하나, 쌍방 모두 자신이 승리했다고 느낀다.

둘, 쌍방 모두 상대방의 목표에 관심을 갖는다.

셋, 쌍방 모두 일 자체에 집중한다.

넷, 쌍방 모두 상대방을 믿는다.

다섯, 쌍방 모두 다시 일할 기회를 희망한다.

협상의 수칙에서 가장 중요하고, 끊임없이 고민해야할 것은 자신의 이익이 손상 받지 않는 범위 내에서 상대방에게 유리한 조건을 제시하는 것이다. 제시한 다음에 내가 손해라고 생각하지 말라. 상대방이 원하는 것을 준다면 상대방도 그렇게 할 것이다. 따라서 협상은 쌍방 간의 지속적인 협조와 교류를 통해 함께 목표를 달성해가는 과정이다.

필자는 사업을 할 때 세계 각국에서 다양한 사람들과 협상을 했고, 다양한 사람들을 만났다.

예 >>

상하이에서 오피스텔 하나를 구입하려고 할 때, 상대방이 필요한 부분에 대해 생각해봤다. 그 오피스텔 주인은 대단한 부자이고 집이 많아서 그 오피스텔을 팔 생각이었지만, 문제는 양도소득세였다. 그는 사는 사람이 이 양도소득세를 지불하길 원했고, 나는 그것을 받아들였다. 그런데 나중에 보니, 이 집을 살 당시에는 대단히 헐값이었지만 현재는 엄청나게 올라 그 증가분에 대해 내는 양도소득세의 금액이 생각보다 많았다. 결국 이 부분에 대해 협상을 한 우리는, 집 주인은 오피스텔 가격을 낮춰주고, 우리는 원래 구입가에서 우리가 현재 구입하는 가격에 해당하는 만큼의 양도소득세를 내는 것으로 합의했다.

이런 협의를 통해 나도 큰 손해는 입지 않았고, 주인 역시 어차피 내야할 양도소득세였기 때문에 큰 손해를 보지 않았다. 쌍방 모두 큰 손실 없이 각자의 목표를 달성한 성공적인 협상이었다.

중국 심천에 사무실을 구할 때도 비슷한 상황이 일어났다. 우리가 사려는 사무실은 가격이 대단히 비싸서 주인과 협상을 했다. 주인은 우리가 사려는 사무실 바로 옆에 아주 작은 사무실까지 함께 주겠다고 했다. 문제는 그 작은 사무실은 다른 사람이 쓰고 있고 아직 기한이 남아있다는 것이었다. 결국 다시 협상을 통해 그 사람들이 나가면 우선권을 우리에게 주겠다고 했고, 우리는 기다리기로 합의했다. 얼마 후 그들이 나갔고, 약속대로 그 사무실을 샀다. 사무실 하나라면 비싼 가격이었지만 협상을 통해 작은 사무실까지 덤으로 얻은 우리와, 비싸서 나가지 않았던 사무실을 팔게 된 주인 모두 각자의 목표를 달성한 성공적인 WIN-WIN 협상이었다.

4장

여러
유형의
협상에서
성공하는
법

우리는 협상에서 열심히 노력해 더 좋은 결과를 얻기를 바란다. 그러나 협상과정에서 간혹 상대방이 부당한 방법이나 계략을 쓰기도 하고, 이런 계략에 빠져 종종 상대방이 쳐놓은 그물에 걸려들 수도 있다. 그렇다면 어떻게 상대방의 부당한 방법을 피하고, 협상을 성공적으로 마무리할 수 있을까?

먼저 상대방의 부당한 방법들을 분석해보자.

첫째, 정신을 분산시켜 허를 찌르는 방법.

동쪽에서 소리를 치면서 서쪽을 공격하는 것 같은 방법을 써서 상대방은 당신이 협상의 핵심 부분을 소홀히 여기게 만든다.

>>

　당신은 트랙터 전용 전동장치를 제작, 판매하는 사람이라고 하자. 당신은 제품을 팔기 위해 대규모 트랙터 생산 공장에 2년간 영업을 해왔지만 아직까지 아무런 소득이 없었다. 그런데 이번에는 무언가 다르게 상대방이 오퍼를 넣을 것 같은 분위기라, 당신의 지난 2년간의 노력의 결실을 맺을 것 같은 상황이다. 그런데 상대방의 조건은 이랬다.

　"우리는 당신의 제품을 구입하고 싶습니다. 다른 조건은 차치하고 납기일은 90일을 반드시 지켜주셔야 합니다."

　정리해 보자.

　1. 당신에게 오퍼를 넣으려고 하는 곳은 최대 규모의 트랙터 생산회사이다.

　2. 당신의 제품은 그들에게 필요한 장치이다.

　3. 판로를 뚫기 위해 당신은 지난 2년간 끊임없이 그 회사에 영업을 했다.

　그런데 상대방이 갑자기 전화를 해서, '오퍼를 넣고 싶은데 납기일이 90일이다.'라고 한다. 그러나 이 제품은 설계부터 제조까지 제작기간과 선적까지 하는 데 아무리 짧아도 120일이 소요된다는 것은 쌍방 모두 분명히 알고 있는 사항이다. 당신은 정말 이 오퍼를 받아들이고 싶지만 90일은 절대 불가능한 기간이고, 상대방도 분명 알고 있으면서도 90일 안에 물건을 받을 수 있게 해달라고 한다. 이는 상대방이 무언가 꿍꿍이가 있는 협상기교를 사용하고 있다는 것을 의미한다.

당신은 이 회사와 거래를 트는 것이 얼마나 중요한 일임을 알고 있기에 일단 공장에 상황을 타진했다. 하지만 공장장은 120일도 설계, 연마, 제작하는 데 빠듯한 시간이며, 그 회사 트랙터를 위한 전용 장치 몰드를 새로 설계하는 제작비만 22,000달러의 비용이 든다고 한다. 당신은 일단 협상 테이블에 앉아 트랙터 회사에 가격을 넣었다.

— 전동장치 비용 230,000달러, 새로운 몰드 설계비용 22,000달러, 납기일은 120일. —

상대 회사는 이 자료를 받고 다른 조건에 대해서는 아무 말도 하지 않고 납기일은 90일이고, 선적장소는 아르헨티나라고 한다. 미국에서 오퍼를 넣고 아르헨티나로 선적을 요구했으며, 90일 내에 출하해야 아르헨티나에 도착, 자신들이 보낸 트랙터에 설치해 정상적인 일을 할 수 있다고 한다.

상황을 보면 쌍방 모두 이야기할 수 있는 공통점과 타협점이 없어 보인다. 그런데 갑자기 상대회사에서 '운송부에 문의해 무슨 특별한 방법이 있는지 찾아보겠으니 5분만 기다려 달라'고 한다.

5분 뒤 상대방은 협상자리로 돌아왔고, 자신들의 생각을 이야기하기 시작했다.

그러나 그 5분 동안 당신의 머릿속에는 온갖 생각들이 떠올랐을 것이다.

'살까? 아닐까? 상의하러 갔으니 분명 좋은 결과가 있을 거야. 아마 120일로 해줄 것 같은데….'

상대방이 표현하기 전에는 모든 것이 당신의 상상일 뿐이다. 상대방이 다시 돌아와 이렇게 말했다.

"방법이 있습니다만 당신의 도움이 필요합니다. 당신의 제품을 항공으로 아르헨티나까지 운송할 예정이고, 아르헨티나 세관에 도움을 요청해 최대한 빨리 통관 처리할 것입니다. 문제는 원래 배로 운송예정이었는데, 항공으로 바꾸는 바람에 비용이 많이 증가했습니다. 따라서 당신 회사에 다음과 같이 요청합니다.

- 새로운 몰드 설계비용 22,000달러는 귀사에서 부담한다.
- 항공 운송비용도 귀사에서 부담한다.

방금 당신은 이 일에 대해 큰 기대를 했지만 돌아온 것은 더 큰 장애물이다. 당신은 아마 받아들일 것인지 말 것인지에 대해 끊임없이 고민할 것이다. 여기서 당신이 분명히 알아야 할 것은 상대방의 행동은 일종의 협상기교일 뿐이다. 시작부터 그들은 몰드설계 비용을 당신에게 부담시키고 싶어 했고 항공요금도 마찬가지다. 그래서 그들은 일부러 다른 조건으로 당신의 생각을 혼란스럽게 한 것이다.

"이것만 받아들여주시면 납기일 120일은 상관없습니다. 원래는 120일에 출하해서 배로 운송하면 30일이 걸려 총 150일인데, 항공은 이틀이면 되니 납기일은 120일에 하셔도 됩니다."

상대방은 큰 선심을 쓰며 당신을 도와주는 것 같지만 사실 도와준 것은 하나도 없다. 상대방은 당신을 더 곤란한 조건에 빠트렸고, 이 상황에서 당신의 어찌해야 할지 판단이 서지 않는다.

이런 일은 생활 속에서도 종종 일어난다. 예를 들어 어떤 노처녀가 있다. 그녀는 사귀는 애인과 얼른 결혼하는 것이 목표인데, 그녀는 다른 이야기를 한다. 집을 사자느니, 지금 상황에서 애인이 들어줄 수 없는 이야기만 한다. 그러다 나중에 그녀는 이렇게 말한다.

"그럼 지금은 집도 필요 없고 다 괜찮으니 우선 결혼부터 해요."

그녀의 목표는 처음부터 애인과 결혼하는 것이었지만 다른 방법으로 초점을 흐린 것이다.

이처럼 우리는 생활 속에서, 비즈니스에서 자주 초점을 다른 곳으로 옮기는 일들을 자주 겪게 된다. 이런 곤란한 상황에서 어떻게 대처해야 할까?

앞의 트랙터의 예를 들어보자. 그들의 요구에 당신은 이렇게 되물을 수 있다.

"지금 말한 항공 운수비용과 몰드 제작비용을 우리가 부담하는 부분이 이 협상에서 당신들의 유일한 문제입니까? 그렇다면 이 부분에만 초점을 맞추고 해결 방안을 찾아봅시다."

앞에서 상대방이 마치 선심을 쓰듯 납기일을 연장해주었다고 그들에게 고마워할 필요가 없다. 상대방의 처음 목적을 안 이상 그것을 확인시켜주고 당신 역시 더 고단수의 방법을 사용해야 한다.

"이 일은 제 권한 밖이므로 지금 답할 수 없습니다. 몰드 제작비용과 항공요금 부담은 모두 엄청난 비용 부담이 되므로 상사에게 물어본 다음 어찌할지 결정하겠습니다."

그들이 파놓은 함정에 빠져 바로 답하지 말고, 추가로 들어갈 비용들을 어떻게 보충할지 결정한 다음 대답해야 한다. 정리해보면,

— 상대방의 요구에 바로 답하지 말고 상사와 상의하겠다고 시간을 벌어라.

— 상대방이 초점을 흐리는 방법을 쓴다면 당신도 맞받아쳐라.

상대방이 10분 뒤에 돌아오겠다고 나가면, 당신도 그가 돌아오면 5분간 자리를 비우고 다른 사람과 함께 들어와 그들의 부당한 방법을 낱낱이 드러내라.

"죄송합니다. 누가 들어도 이것은 말도 안 되는 조건입니다. 어느 계약에도 이런 조건은 없습니다. 당신들의 요구는 지나치다는 생각이 듭니다. 그렇다면 이런 조건은 어떻습니까? 납기일을 빨리 맞춰드릴 테니 몰드 제작비용과 항공운송비는 원래대로 귀사에서 부담하시기 바랍니다."

상대방이 부당한 조건을 내걸면 당신도 맞받아쳐 조건을 내 걸어라. 당신은 상대방이 납기일 운운하며 딴 곳에 관심을 두게 만든 것이 몰드 비용과 항공운송비용을 전가하기 위해서라는 것을 이미 알고 있다. 때문에 이렇게 반격하면 그들은 그 요구를 다시 할 이유가 없어지게 되는 것이다.

둘째, 모두를 속이는 방법.

이런 상황은 앞의 초점을 딴 데로 흐리는 방법보다 복잡해, 경험이 없는 협상가들은 종종 쉽게 속아 넘어가고 만다.

이 방법은 보통 상대방이 어떤 요구를 하는 것으로 시작하는데, 이 요구는 그들이 진짜 원하는 것이 아니라, 이 요구를 이용해 당신에게 다른 부분의 양보를 바라는 것이다. 주의할 것은 상대방이 이런 방법을 쓰는 이유는 당신의 주의를 딴 데로 돌려 그것에만 신경 쓰게 해서 자신들이 쳐놓은 덫에 걸려들게 만들기 위함이다.

 >>

이 방법의 아주 전형적인 예가 있다.

1950년 한국 전쟁이 일어나고 휴전 기간에 회담을 진행하게 되었다. 회담 초기에 한국과 북한은 자신들의 대표 외에 각자 3개의 중립국을 선택해 회담 대표로 참여시키자는 데 동의했다. 한국은 노르웨이, 스웨덴, 스위스를 선택했고, 북한은 체코와 폴란드를 선택했다. 모두 한국전쟁과는 관련이 없는 제 3국이었다. 그런데 북한은 회담 시작까지도 세 번째 나라를 정하지 않고 있었고, 막판에는 아직 찾지 못했으니 일단은 회담을 시작하고 나중에 다시 이야기하자는 의견을 내놓았다.

결국 회담은 착착 준비가 되어 협상이 막 시작되었는데, 갑자기 북한이 마지막 세 번째 나라로 소련을 참여시키겠다고 선언했다. 결코 3국이라 볼 수 없는 나라인 소련을 회담에 참가시키겠다는 북한의 선언에 모두들 깜짝 놀랐다. 하지만 북한은, 소련은 전쟁에 직접적으로 개입하지 않았으니 거부할 이유가 없다고 주장했다. 소련은 분명 간접적으로 전쟁에 참여했다는 다른 나라의 반대에도 불구하고 북한은 의견을 굽히지 않았고, 소련을 반대하면 회담에 불참하겠다고 선언했다. 회담의 성사를 지켜보던 전 세계인들은 놀라움을 금치 못했다.

　북한이 정말 소련을 참가시키려는 것이 목적이었을까? 아니다. 그것은 단지 모든 사람을 속이기 위한 수단에 불과하다. 북한이 계속 소련을 주장하고 한국은 계속 반대하자, 국제적 여론은 점차 이들이 과연 회담을 원하는 것인지 하는 의문을 갖게 되고, 나중에는 소련이 전쟁에 직접 개입한 것도 아닌데 반대하는 한국을 질책하는 방향으로 흘러갔다. 그들이 보기에는 별 의미 없는 논쟁으로 양국 회담은 전혀 진전이 없는 교착상태에 빠져 들었다. 그런데 북한이 갑자기 또 다른 이야기를 들고 나왔다.

　'우리는 소련 대표를 제외시킬 수도 있다. 하지만 그렇게 하려면 한국이 그에 상응하는 양보를 해야 한다.'

　앞에서 말한 북한의 모두를 속이기 위해 꺼내들었던 소련카드를 걸고 드디어 진짜 얻고 싶은 목적을 말하기 시작했다. 그들이 원하는 한국의 양보는 바로 회담 초기에 양국이 동의한, '손실된 활주로를 잠시 복구하지 않는다'라는 조약의 철회였다. 당시 북한은 이 조약에 동의해 놓고 자신들의 실수를 깨달았다. 휴전 중이었지만 전쟁은 계속되고 있었고, 한국은 미국의 항공모함을 이용했기 때문에 활주로를 복구하지 않아도 전혀 문제가 없었던 것이었다. 하지만 북한은 활주로 없이는 공중 공격이 이루어질 수 없었다. 북한은 소련이란 카드로 잠시 모두의 눈을 속이고 상대방을 궁지에 몰아넣은 뒤, 진정한 목표인 활주로 복구를 요구한 것이다.

이 일은 역사상 아주 유명한 예로, 이 사건을 통해 알 수 있는 것은, 때로 상대방이 어떤 요구를 할 때 그 요구는 진짜 원하는 것이 아니라는 것이다. 따라서 당신은 눈을 크게 뜨고 상대방을 주시해야 한다. 상대방이 원하는 요구가 진짜 요구인지 아니면 상대방이 지금 술수를 써서 모두를 속이는 전술을 펼치고 있는지 확인하고 대처해야지, 불필요한 양보를 해서는 안 된다.

셋째, 갑으로 을을 공격하는 방법.

쉽게 말해 상대를 공략하기 위해 다양한 정보를 수집해 거절할 수 없는 상황으로 몰고 가 목적을 달성하는 것이다. 이는 특히 사는 사람이 자주 사용하는 방법으로, 사는 쪽은 이 방법을 사용해 파는 쪽을 손바닥에 올려놓고 마음대로 한다.

예 >>

어떤 사람이 회사에 필요한 기계를 한 대 사려고 시장 조사를 하기 시작했다. 첫 번째 집은 가격이 만족스러웠고, 두 번째 집은 정비 부분, 세 번째 집은 서비스가 마음에 들었다. 그는 이 세 집의 가장 좋은 조건들을 유리하게 조합해 첫 번째 집에 가서 협상을 하기 시작했다.

"당신이 가장 낮은 가격을 제시했지만, 다른 집은 정비와 서비스가 만족스럽습니다. 만약 당신이 정비와 서비스 부분도 다른 집처럼 해 주겠다면 당신과 계약하겠습니다."

만약 당신이 이들의 전략을 알고 있지만 바로 받아들일 수 없는 상황이라면, 바로 답하지 말고 이렇게 대응하는 것이 좋다.

"손님께서 벌써 모든 정보를 수집하셨군요. 저도 우리 집과 다른 집의 차이가 어디 있는지 알고 있습니다. 하지만 늘 이런 식으로 하시면 우리 같은 업계는 살아갈 수가 없습니다."하며 당신이 상대방의 전술을 알고 있음을 알게 해야 한다.

이 방법을 피하는 가장 좋은 방법은 사전에 미리 대비해 이런 상황을 피하는 것이다. 즉, 다른 업계의 동태를 살피고 미리 준비해야 한다. 상대방이 선택의 여지가 얼마나 있는지 알면 알수록 상대방의 선택의 여지는 점점 줄어들고, 당신이 승리할 기회는 점점 더 커진다.

넷째, 자신이 놓은 덫에 걸리게 만드는 방법.

때로 이런 수단을 이용해 상대방을 몰아내는 경우가 있는데, 아주 비도덕적인 방법이다. 비즈니스에서나 생활에서 이렇게 속이고 배신하는 경우가 종종 일어나기 때문에 당신은 부하직원을 잘 단속하고 격려해야 한다. 때로 이런 기본적인 것을 제대로 하지 않아 상대방이 파놓은 함정에 빠질 수 있기 때문이다.

예를 들어 물건을 파는 상대방이 고의적으로 가격을 잘못 적거나 중요한 부분의 비용을 뺀다거나 해서 제출했다. 고객은 가격을 보고 상대방이 잘못 쓴 것을 알았지만, 자신에게 유리하기 때문에 일부러 아무 지적도 하지 않고, 상대방이 고의로 파 놓은 함정에 빠져 구입하기로 결정한다. 그리고 상대방은 구입 의사를 확인한 뒤 이렇게 말한다.

"이거 죄송합니다. 지금 보니 가격이 잘못 기재되었습니다. 이미 구입 하시기로 하셨으니 저희의 작은 실수 때문에 결정을 번복하지 않으리라 믿습니다. 왜냐하면 가격은 전에 구두로 확인한 사항이었으니까요."

상대방은 이런 방법으로 고객을 속였지만, 고객 역시 알면서 묵인한 실수를 했기 때문에 결국 받아들일 수밖에 없는 상황이 된 것이다. 따라 서 상대방이 고의로 파놓은 함정에 빠지지 않기 위해서는 세세히 확인 하고, 문제가 있으면 상대방에게 직접 묻고 확인 받거나 직접적으로 그 들의 술수를 질책해야 한다.

다섯째, 작은 것으로 유인해 큰 것을 빼앗는 방법.

사람들을 작은 것으로 유인해 큰 것을 잃게 만드는 방법으로, 가장 많 이 사용하는 곳이 바로 잡지사이다. 신용카드사와 잡지사들이 제휴를 하는 경우가 많은데, 잡지사들은 신용카드사의 회원 정보를 얻어 회원 들을 유혹한다.

'이번에 ○○신용카드사와 제휴 기념으로 우수 고객들만 선정해 잡지 를 보내드리고 있습니다.'

기쁜 마음으로 잡지를 받아든 고객은 뒤페이지에 아주 작은 글씨로 써 있는 내용을 보지 못한다.

'본 잡지를 받은 후 20일 이내에 잡지 구독을 하지 않겠다고 연락을 하지 않으면 자동으로 1년 정기구독자가 되고, 비용은 ○○신용카드에 서 자동으로 결제됩니다.'

이런 상황은 아주 많다. 제대로 공지하지 않고, 또 자세히 살펴보지 않아 자신도 모르는 사이에 합법적으로 당하게 되는 것이다. 나중에 항의를 해보아도 소용이 없다. 비도덕적인 방법이지만 여전히 빈번하게 일어나고 있으니, 협상에서도 주의 깊게 살피고 대처해야 한다.

여섯째, 협상이 성사된 다음에 부가 요구를 하는 것이다.

보통 협상이 성사된 다음의 요구는 분위기상 거절하기가 힘들다. 하지만 만약 부당하고 들어줄 수 없거나 들어주고 싶지 않은 요구라면, 나중으로 미루지 말고 바로 즉시 거절해야 한다. 이런 일은 시간을 끌수록 거절하기도 해결하기도 힘들다. 특히 다른 사람과 좋은 인간관계를 맺고자 하거나, 이미 좋은 관계를 맺고 있을 때는 상대방의 부도덕한 요구는 더욱 피해야 한다.

또 상대방이 무언가 일을 요구할 때는 나중에 변화나 후회가 생겨 취소할 수 있으니 계약금을 요구하는 것이 좋다. 따라서 쌍방 모두 만족하는 협상을 위해서는, 어느 쪽도 함부로 식언해서는 안 되고 비도덕적인 게임을 벌여서도 안 된다.

상대방이 소문을 이용하는 경우도 있다. 어디서 봤는데, 누가 그러던데 하는 소문과 거짓 정보를 퍼트려 시장을 혼란에 빠트리기도 한다.

 ≫

한 영업담당자가 고객과 협상을 하고 있다. 그는 고객이 자신의 제품을 선택해주길 바라면서 자신 있는 태도와 말투로 제품을 설명해나갔다. 제품의 품질에 자신이 있었고 무엇보다 82,000달러라는 가격은 다른 곳에 비해 뛰어난 조건이었다. 그런데 설명을 마치고 주위를 둘러보니 고객 옆으로 누군가 다가와 쪽지 한 장을 건넸다. 그 쪽지를 본 사람은 옆 사람에게 넘겼고, 옆 사람은 보고 협상대표에게 넘겼고, 그는 고개를 끄덕이더니 테이블 위에 올려놓았다.

그것을 본 그는 호기심이 일어 상대편 쪽으로 걸어가 일부러 협상 대표의 옆에 서서 그 쪽지를 슬쩍 보았다. 거기에는, '△△ 회사는 76,200달러라고 합니다. 거기 것을 구입하지요?'라고 적혀 있었다.

이 쪽지를 본 영업 담당자는 잠시 당황하고 있는데, 상대방 대표가 말했다.

"그런데 문제가 하나 있습니다. 가격을 좀 더 낮춰줄 수 없겠습니까? 82,000달러가 정말 최저 가격입니까?"

그의 이런 말에 영업담당자는 방금 본 그 쪽지 내용이 진짜라고 믿게 되었다. 상대방에서 다 알아보고 얻은 정보이기 때문에 저렇게 말한 것이라 판단한 그는 바로 가격을 76,200달러로 낮추었다.

많은 사람들이 이런 방법으로 거짓 정보를 흘리는데, 그 영업담당자는 그것이 거짓 정보인지 몰랐던 것이다. 때문에 협상 과정에서 상대방이 당신에게 정보를 줄 때 그 진위를 정확히 판단해야 한다. 그렇지 않으면 상대방이 놓은 덫에 스스로 걸어 들어가는 형국이 된다.

01 단기 협상을 성공적으로 이끄는 방법

아주 짧은 시간 내에 협상을 완성하기 위해서는 때로는 상대방에게 실례를 범할 수도 있다는 각오를 해야 한다. 왜냐하면 당신과 상대방의 협상은 이번이 처음이자 마지막 협상이기 때문에 태도는 경직될 수 있고, 지켜낼 요구도 많아질 수밖에 없고, 때로는 얼굴 두껍게 요구를 해야 한다.

하와이에서 있었던 일이다. 주인이 100달러를 불렀는데, 사실 속으로 짠돌이로 볼까 부끄럽기도 했지만, 대담하게도 50달러를 불렀다. 주인은 안 판다고 했다. 나는 그럼 안 산다고 돌아서는데 주인이 잡더니 결국 50달러에 주었다. 타이완에서 그렇게 가격 흥정을 했다가는 욕먹기 십상이라 한 번도 해본 적이 없었는데, 하와이가 관광지라 속는 셈 치고 한 흥정이 성공했던 것이다. 물론 10년 전 일이니까 지금은 어떤지 모르니 내 말만 믿고 그렇게 하는 독자들이 없길 바란다. 하지만 협상에서는 종종 이런 일이 발생하므로, 시간이 얼마 없다면 바로 주제로 들어가 협상해야 한다.

상하이에 출장 갔다가 만난 사람이 내게 7,000여명이 참석하는 워크숍 강의를 부탁했다. 하지만 그때 나는 강의 중이었고, 중간에 40분 휴식하고 강의를 한 후 바로 베이징으로 날아가 방송에 출연해야 했다. 따라서 그와 나의 협상시간은 휴식 시간인 40분밖에 없었다. 시간이 짧은 관계로 바로 협상에 들어갔다. 이런 협상은 다른 이야기를 한다거나 상대방을 떠보기 위한 전략을 구사할 시간도 없으니 바로 필요한 요구를 제시해야 한다. 자신이 원하는 것을 얻는 가장 좋은 방법은 입을 열고 직접 말하는 것이다.

단기 협상에서 사용할 수 있는 좋은 방법으로는,

하나, 권위나 정책, 규정에 도전하는 것이다. 상대방의 정책과 강건한 태도를 보고 그들의 계획이나 전략이 절대 바뀌지 않을 것이라 판단해서는 안 된다. 모든 정책은 사람이 만든 것이라 변하거나 바꿀 수 있다. 특히, 담당자나 사장은 조정할 수 있는 권한을 갖고 있다.

필자가 타이완 자선단체인 교육기금회에서 일할 때의 일이다. 당시 그 단체에서 내가 맡았던 일은 거동이 불편해 해외여행을 하기 어려운 장애인들과 함께 한국, 미국, 일본, 호주 등지로 여행을 다니는 것으로, 여행단이 구성될 때마다 나는 모두 참가했다. 나중에는 활성화됐지만 처음에는 수많은 어려움이 있었다. 우선 여행사와 협상을 할 때 여행사 측은 온갖 방법을 동원해 우리의 여행을 만류했다. 여행단 안에 장애인이 35명이라 이동도 불편하고, 그들을 돌보는 것이 여행사에게는 큰 문제였던 것이다. 그러다가 나중에 그들은 항공사가 받아들이지 않는다고 다른 이유를 댔다. 결국 나는 항공사와 다시 협상했다.

"비행기에는 장애인 승객 수를 몇 명으로 제한하고 있습니다. 장애인 승객이 많을 경우 만약 사고가 일어났을 때 탈출이 어렵고 다른 승객에게 많은 부담이 되기 때문입니다."

"그것이 항공사의 규정입니까?"

"그렇습니다."

하지만 내가 모든 자료를 다 펴놓고 찾아봤지만, 어디에도 그런 규정은 없었다. 그리고 사고가 아니라 어떤 경우에도 장애인은 다른 사람들이 도와주어야 하는데, 그것을 이유로 거부한다는 것은 말이 되지 않는다고 생각했다.

나는 그 규정은 정식 규정이 아니라 당신 항공사의 내부 규칙이니, 내부 규칙은 상황에 따라 조정될 수 있는 것 아니냐며 뜻을 굽히지 않았다. 처음에는 이렇게 강한 태도로 용감하게 권위에 도전해야 한다.

나중에 나는 이 문제를 부드럽게 풀 방법을 찾아냈다.

"우리 팀은 35명 모두가 장애인입니다. 우리가 준비한 플랭카드에 △△ 항공사 후원이라는 글자를 새겨 넣고, '△△ 항공사와 후원하는 꿈의 여행'이라는 이름으로 기자회견을 열어, 우리 장애인들에게 △△ 항공사의 모형 비행기를 주는 행사를 주선하겠습니다."

항공사의 이미지를 높이고 대단한 홍보효과가 있다고 여긴 항공사는, 원래 안 된다던 내부 규정을 깨고 내 제안에 기꺼이 동의했다.

따라서 어떤 사안에도 절대 바뀌지 않을 것이라 단정 짓지 말고 방법을 모색해야 한다. 모든 규정과 조건에는 융통성이 있기 마련이다.

둘, 만약 당신이 파는 입장이고 시간이 얼마 없을 때 취할 수 있는 간단하고 좋은 방법은, 고객의 시선을 끌 수 있도록 아름답고 특별하게 제품을 포장하는 것이다.

자동차 판매 대리점에 가보면 영업사원들은 수시로 차를 닦고, 손님이 오면 차에 직접 앉아보게 하거나 무료로 시승할 수 있는 기회를 준다. 평소에 타고 다니지 못했던 고급승용차에 앉아서 안락한 자동차의 느낌을 즐기다 보면, 어떤 부분에서는 그 차와 일체가 된 듯한 느낌을 가진다. 옷가게 점원이 멋진 옷을 입고 손님에게 입어보라고 권하는 이유도 같은 맥락에서다. 옷을 입고 거울을 보다 보면 자신이 모델이 된 것 같은 기분에 빠져, 여성들은 어떡하든 그 옷을 구입하려 한다. 고객을 잡기 위해 입어보고, 먹어보고, 타보고 하는 체험 판매 전략은 현재 널리 통용되고 있으며, 짧은 시간에 가장 많은 성과가 있는 방법이다.

셋, 상대방에게 당신이 또 다른 선택의 기회가 많음을 과시하는 것이다.

상대방에게 당신이 유일한 선택이 아니라는 것을 강조하면 할수록 상대방은 당신을 더 빨리 잡고 싶어 한다. 따라서 수중에 있는 모든 조건

4장_
여러 유형의 협상에서 성공하는 법

을 다른 사람이 모두 갖고 싶어 하는 것인 양 적극적으로 선전해서 양성
경쟁 상황을 만드는 것이다.

'이 물건을 당신에게 팔고 싶지만 워낙 많은 사람들이 원해서….'

'이 차는 요즘 최고 인기 차입니다. 지금 예약자만 수십 명이라서….'

이 물건을 반드시 당신에게 팔지 않아도 된다는 점을 강조하면 할수록 점점 더 사고 싶은 것이 인지상정이다. 경쟁의 위협은 협상의 진행을 가속화시키고, 시간의 제한은 가격 협상 공간을 축소시킨다.

넷, 작은 물보라로 파도를 일으키는 방법.

다른 요인들을 동원해 고객이 당신의 제안에 매력을 느끼게 만드는 방법이다. 상대방과 협상 전에 상대방에 대한 조사를 통해 팔 제품과 관련한 상대방의 기호나 구매 유혹을 느끼는 부분들을 일괄 정리해 놓는다. 협상이 시작되면 그 내용을 조금씩 흘리며 유인한다. 하나씩 물보라가 일어나듯 조금씩 동요되도록 작은 것부터 큰 것까지…. 이미 당신은 상대의 기호를 파악하고 있기 때문에 상대방이 관심 있게 들으리라는 것을 알고 있다. 당신이 말하는 유혹적 요인에 관심을 기울일수록 협상 성사의 기회는 커진다.

다섯, 전문가답게 행동하라.

당신을 전문가라고 느끼면 더 존중하게 될 것이고, 그런 상황은 협상이 시작되기 전에 이미 유리한 협상 위치를 차지하게 해준다. 또 당신이 협상에 필요한 모든 영역에 대해 잘 알고 있거나 관련된 자료와 정

보를 정확히 숙지하고 있다면, 상대방과 협상할 때 훨씬 좋은 조건과 자격을 갖추게 된다.

여섯, 질문도 답도 단순화시켜라.

상대방이 간단하게 답할 수 있고 선택할 수 있게 질문해야 한다. 동시에 협상 내용이 복잡해지면 각개 격파를 하듯 복잡한 내용을 짧은 문장 여러 개로 간단히 정리해 하나씩 해결하는 것이 좋다. 협상에서는 '단순한 것을 복잡하게 만드는 상황'과, '복잡한 것을 단순하게 만드는 상황'이 있다. 상대방이 단순한 문제를 복잡하게 설명한다면, 당신의 방어법은 그 복잡한 내용을 최대한 간단하게 만들어 상대에게 되물어, 간단하게 정리된 상황에서 상대방이 답을 찾게 하는 것이 좋다. 때로는 상대방의 복잡한 요구나 설명이 바로 정리되지 않을 때도 있다. 이럴 때는 하나하나 물어 정리해 상대방에게 원하는 것이 무엇인지 확인하는 것이 좋다. 사람들은 자신이 함께 참여하고 만들어가는 과정을 좋아하기 때문이다.

일곱, 승리를 틈타 작은 것을 얻어라.

협상이 마무리될 때쯤이면 파는 쪽은 성사된 마당에 작은 선물처럼 상대방의 작은 요구에 응해주기 마련이다. 따라서 협상이 마무리될 쯤 다른 작은 요구를 하는 것은 이익을 극대화하기 좋은 방법이다. 상대방은 이미 협의된 사항이나 조약이 영향을 받거나 파기되지 않게 하기 위해 작은 요구쯤은 들어준다. 주의해야 할 것은, 아주 작은 요구는 할 수

4장_
여러 유형의 협상에서 성공하는 법

있겠지만 절대로 무리한 요구를 해서는 안 된다. 무리한 요구로 인해 상대방이 당신의 속마음을 의심하게 되고 다된 협상이 다시 원점으로 돌아갈 수 있기 때문이다.

단기 협상에서 '먼저 써보고 나중에 돈을 내는 방법'에 주의해야 한다.

보통 정수기 회사가 이런 방법을 사용한다. 짧게는 한 달에서 몇 달까지 먼저 무료로 사용해 보고 나중에 마음에 들지 않으면 다시 회수해 간다고 홍보를 한다. 대부분의 고객들은 한 달 정도 사용하다가 반품하기에는 정수기 물에 익숙해지고 또 왠지 초라한 기분이 들어 돈을 내고 계속 사용하게 된다. 이럴 때 간혹 미리 가격 이야기를 하지 않고 모든 것이 끝난 다음 여러 가지 부가 비용을 들어 예상보다 훨씬 높은 가격을 말하는 경우가 있는데, 그때는 이미 늦으니 먼저 비용을 확인해야 한다.

예 >>

얼마 전에 말레이시아에 출장 갔다가 생선요리를 먹으려고 관광지에 있는 식당에 들어갔다. 메뉴판에 가격이 쓰여 있었는데, 모두 아주 저렴해서 싼 것은 1달러, 비싸야 3달러를 넘지 않았다. 그런데 생선요리에는 가격이 쓰여 있지 않았지만, 우리는 음식 값이 싸니 생선도 그리 비싸지 않을 거라는 생각에 묻지도 않고 주문했다. 나중에 계산을 할 때 나는 기절할 뻔했다. 음식 값이 200달러가 나온 것이다. 다른 음식은 모두 합쳐 봐야 20달러에 불과했는데, 생선요리가 170달러였던 것이다. 이미 먹었기 때문에 뱉어낼 수도 없어서 눈물을 머금고 계산했지만, 지금도 그 생선 맛은 잊히지 않는다. 한 마리에 170달러 하는 생선이었으니.

여덟, 시간 끌기.

단기 협상에서는 상대방의 시간을 당신에게 투자하게 하라. 그렇게 하면 협상의 성사 가능성은 커진다. 가장 단순한 방법으로는 끊임없이 상대방에게 질문을 하는 것이다. 당신 질문에 답을 하면 할수록 상대방은 당신에게 시간을 많이 투자했기 때문에 당신과 반드시 협상을 이루어야겠다고 생각하게 된다.

덧붙여 주의할 점은, 상대방이 걸어온 전화로 협상을 하지 말라는 것이다. 상대방이 전화를 걸어와 협상을 할 때는 이미 협상 내용을 정리해 놓고 시작하기 때문에, 아무 준비 없이 시작한 당신은 쉽게 상대방이 쳐놓은 함정에 빠지게 된다. 따라서 전화로 협상을 하려면 당신이 모든 준비를 다 한 다음에 상대방에게 전화를 해야 한다. 주도적으로 준비하고 나선 사람이 유리한 고지를 점령하는 것은 당연한 일이다. 자신에게 유리한 시간을 선택하고, 유리한 내용을 준비할 수 있기 때문이다. 게다가 전화로 하는 협상은 얼굴을 보지 못하는 관계로 빨리 처리하고자 하는 마음에, 직접 대면하는 협상보다 시간이 훨씬 짧고 바로 핵심으로 들어가 말할 수 있어서, 준비만 충분히 하면 쉽게 원하는 해결방안을 얻을 수 있다.

마지막으로 언제나 적당한 답을 준비하고 있어야 한다. 단기 협상에서는 바로 핵심으로 들어가는 질문을 받을 수 있기 때문에 언제든 답을 말할 수 있도록 충분히 준비해 두어야 한다. 변론대회처럼 짧은 시간 내에 상대방이 할 수 있는 모든 질문과 답을 생각해 두어야 하며, 동시에 모든 답은 정리해 기록해 두는 것이 좋다. 덧붙여 앞에서 전화로 협상한 다음에도 협의한 내용을 정리해 상대방에게 이메일을 보내는 것도 좋은 방법이다. 내 동료 중 한 사람이 이 일을 아주 잘한다. 고객과 전화로 이런 저런 이야기를 한 다음 바로 그 내용을 정리해 상대방에게 이메일을 보내 확인하게 한다. 이 방법의 놀라운 점은, 상대방은 그냥 전화로 편하게 이야기했다고 생각한 내용이 갑자기 서면 자료로 날아오면, 그 내용에 대해 보다 심각하게 고민하고 중시하게 된다는 것이다.

02 장기 협상을 성공적으로 이끄는 방법

길고 지루하게 계속되는 협상은 어떻게 대처해야 할까?

1. 상황에 따라 융통성 있게 협상 기술을 사용하라.

장기간 계속되는 협상 내내 한 가지 기술만 사용한다면, 효과는 갈수록 반감되고 결국은 무용지물이 되고 만다.

과감히 협상 테이블을 떠나는 전술도 처음에는 통하겠지만, 두세 번 반복하다 보면 아무도 당신을 잡지 않을 것이고 '두 얼굴' 전술도 들통나게 되면 더 이상 쓸 수 없게 되고 말 것이다. 따라서 장기 협상의 경우에는 가지고 있는 모든 협상기술을 번갈아 혼용해야 더 좋은 기회를 만들 수 있다.

특히 매번 협상 때마다 상대측에 동일한 인물이 참가한다면 자주 협상스타일을 바꾸며 대처해야 한다. 만약 한 가지 스타일, 한 가지 기술만 고집한다면 그는 당신의 의도와 심리, 사고방식을 모두 파악해 공략할 것이고, 그럼에도 한 가지 스타일만 고집한다면 그는 예상치 못한 반격으로 당신을 곤경에 몰아넣을 것이다. 상대방에게 이런 기회를 주지 않으려면 융통성 있고 기민하게 대처해 상황에 따라 협상 기술과 전략을 적절하게 변화해 사용해야 한다.

2. 상대방 모두 만족하는 WIN-WIN 협상이 되도록 하는 전제를 잊지 말아야 한다.

협상이 길어지다 보면 이런 전제를 망각할 수도 있다. 따라서 협상 시작 단계에서 쌍방 모두 이런 전제를 공유하는 시간을 가지는 것이 좋다. 협상의 목적은 쌍방 모두에게 가장 좋은 결과를 얻기 위한 것이고, 장기 협상에서 쌍방 모두 지치지 않고 임할 수 있는 힘도 이런 공동의 이익이라는 전제에서 나올 수 있다.

3. 장기적 이익에 주목해야 한다.

협상이 장기화되면 단기 이익보다는 길게 보고 판단해야 한다. 동시에 장기적 이익은, 자신은 물론 상대방의 이익도 생각해야 한다. 나는 무엇을 얻을 것인가만 강조하지 말고 상대방의 이익도 고려하고 있다는 모습을 보여주며 신뢰를 쌓아야 한다.

4. 장기 협상에서 얻는 이익은 평생을 갈 수도 있다는 믿음을 가져야 한다.

협상의 결과가 장기적이고 모두에게 이익이 되며, 심지어 평생 이익을 준다는 마음으로 임하면 더 큰 이익을 창조할 수 있고, 상대방 역시 그런 믿음에서 당신과 장기적으로 일을 하고 싶어 한다.

5. 시종일관 우호적인 태도를 유지하되 입장은 분명히 하라.

상대방의 의견을 존중하되 시종일관 통일된 자신의 입장을 지켜내야 한다. 협상과정에서 설령 공세를 펼치거나 반격을 받더라도, 부드럽고 대범하고 우호적인 태도로 예의를 지켜야 한다. 동시에 일에 있어서나 사람에 있어서도 완벽하게 대처해야 한다. 일만 중시하느라 인간관계를 소홀히 한다면 분명 이익의 손실을 가져오고 후회하게 될 것이다.

6. 뛰어난 협상가는 일과 사람 사이에 관계를 분명히 한다.

뛰어난 협상가는 일도 완벽하게 해내지만 인간관계도 소중히 여긴다. 협상에서는 상대방에게 분명하게 요구하고 논리적인 어조와 합리적인 태도로 자신의 이익을 극대화하지만 협상이 끝나면 상대방에게 따뜻한 말과 관심을 보인다. 친하다는 이유로 사적 감정을 보이지 않고, 딱딱한 관계라서 더 냉정하게 대하지 않는다. 일에서는 최선을 다하지만 실수를 했다면 바로 사과하고, 협상이 끝난 뒤에는 상대의 공을 칭찬하며 마무리하면서 지속적인 관계를 이어간다.

7. 공과 사는 구분한다.

일에 있어서는 집중해 몰두하지만 일이 끝나면 편한 마음으로 식사를 하며 정을 나눈다. 지나치게 딱딱해서 오로지 일만 이야기하는 것도 상대방에게 상처가 되고, 일에도 감정을 섞는 것도 상대방을 난처하게 만든다. 언제든 상대방의 체면을 세워주는 것이 중요하다.

8. 객관적인 기준을 세워 이야기하라.

상대방의 입장이나 관점이 더 강경하다면, 다양한 사실적 예를 들거나 많은 근거와 데이터를 가지고 설득하고 설명해야 한다. 그렇지 않으면 협상은 실패하고 만다. 상대방의 강한 입장을 제대로 공격하지 못하면 수세에 몰릴 것이고, 이럴 때 가장 좋은 대처법은 객관적인 증거와 데이터, 자료이다.

예 ≫

예전에 타이완 최대 기업 중 하나에서 강의를 요청해왔다. 대기업인 그들에 비하면 우리는 구멍가게 수준의 작은 회사에 불과했다. 그 회사가 전체를 주관하고 우리 회사 강사 중에서 나를 지명해 강의를 요청했고, 강의비용은 시간당 10,000타이완달러(약 35만원)를 제시했다.

내가 이 기업에 추천한 과정은 〈승리를 위한 일생(Winning for Life)〉이라는 이름의, 국제 저작권이 있는 저명한 과정으로, 2일이 필요하며, 회사 규정은 사람 수에 따라 비용을 받아 1인당 22,000타이완달러(78만원)로 책정되어 있다고 제안했다. 내 제안에 이들은 과정은 마음에 들지만, 하루밖에 시간이 없으니 2일 과정을 하루에 축약시켜 강의해 줄 것과, 비용은 1시간당 10,000타이완달러, 하루 8시간 80,000타이완달러

(약280만원) 이상은 절대로 안 된다고 못 박았다.

80,000타이완 달러? 농담하는 것도 아니고 내 경우 중국 본토에서 강의를 할 경우에도 하루에 1500만 원 이상 받는데 어떻게 이런 조건을 받아들이라고 하는지….

하지만 그들의 입장은 대단히 강경했고 내게 이렇게 단호하게 말했다.

"이번 건은 이렇게 우리 조건대로 하십시오. 만약 그렇지 않다면 다음에도 있을 여러 가지 건에 대해서 당신들과는 함께 하지 않을 것입니다."

이런 강경한 상황에서 나는 이번 강의 프로그램을 주관하고 있는 그 회사 담당자에게 전화를 걸었다.

"귀사는 창조와 혁신을 대단히 중요시한다고 알고 있습니다. 귀사 관련 자료들을 검토하다 보니, 귀사의 10대 강령 중에서도 특히 청렴함과 고객을 위해 생각하라는 부분을 중시하고, 또 제 마음에도 가장 와 닿더군요. 그래서 제가 몇 가지 상기시켜 드리고자합니다. 이번과 같은 교육 과정은 귀사에서 만든 지식산업이라 할 수 있겠지요? 저는 귀사가 평범한 것들을 얻고자 이런 교육프로그램을 마련했다고는 생각지 않습니다. 귀사는 최첨단 과학기술 관련기업이지 가공이나 제조업체가 아닙니다. 따라서 지식 자산이 더 중요하지, 노동 비용이 중요하다고는 생각지 않습니다. 제가 제안한 〈승리를 위한 일생〉, 이 과정은 노동비용 방식으로 계산한 것이 아니라 지식비용 방식으로 계산한 것입니다. 게다가 이 과정은 국제적으로 저작권을 구입해 진행하는 과정이므로, 반드시 저작권

비용을 지불해야 합니다. 저서처럼 국제 저작권 보호법에 따라 엄격하게 보호되고 있습니다. 저는 귀사의 정신이 우리가 귀사와 협조해 준비하려는 과정의 정신과 같다고 믿습니다."

이 전화 협상으로 우리는 다음과 같은 내용으로 결정했다.

– 1일 과정으로 전체 비용은 800,000타이완달러(2800만 원)로 한다.

준비된 협상으로 그들이 원래 예상했던 비용보다 10배를 더 받아냈다. 2000여만 원이면 차 한 대 값이고, 시골에 집 한 채도 살 수 있는 비용이다.

이처럼, 전체 협상과정에서 더 많은 자료와 합당한 근거, 데이터를 제공해야 한다. 동시에 상대방에 대해 정확히 알고 상대방이 가장 중시하는 정신에 대해서도 파악해야 한다. 나는 그 대기업의 정신을 대처할 기준으로 잡았고, 그들의 말을 내 입으로 상기시켜 주니 더 이상 변명이나 거절할 방법이 없게 된 것이다.

협상에 있어서 가장 기본적인 것을 정리해 놓지 않으면 갈수록 더 힘이 들어진다.

9. 소수가 흘리는 거짓 소문을 조심하라.

초나라와 한나라가 경쟁하고 있을 때 한나라 유방 곁에는 수많은 사람들이 있었다. 그중 일부는 상대방인 항우 진영으로 들어가 거짓정보나 소식을 흘려 군심을 동요시키는 일만 전문으로 하며 유방을 도왔다.

과거에도 그렇듯 현재도 이런 일은 진행되고 있으니 특히 주의해야 한다. 몇몇 무리들이 흘리는 소문은 다수가 공개적으로 말하는 소문보다 훨씬 더 위협적일 수 있다. 따라서 어떤 상황에서도 이런 통로는 차단해야 하고, 발생 즉시 바로 처리해 더 큰 손실을 막아야 한다.

 >>

타이완의 세계적인 컴퓨터 회사인 ACER는 중국 전역에 1000개의 영업소가 있었는데, 올해 상반기에 중국 각지 1000개의 영업소를 113개로 대폭 줄였다. 영업소를 철수시키니 수많은 직원들의 해고도 어쩔 수 없는 선택이 되었다. 하지만 경영자의 입장에서는 사람이 얼마나 많은가가 아니라 인재가 얼마나 많은가가 훨씬 더 중요한 것이다.

직원해고가 막 시작되었을 때, ACER 그룹 내부에서 흉흉한 소문이 돌기 시작했다.

'ACER 컴퓨터는 직원들의 권익을 전혀 고려하지 않고 막무가내로 해고를 하고 있으며, 해고 비용도 중국 근무 직원이 타이완 근무 직원들보다 훨씬 적게 받는다.'

이런 소문은 급속도로 퍼지기 시작했고, 급기야 회사 인터넷 사이트 및 각종 사이트에도 올랐다.

이런 상황을 알게 된 ACER 회장은 인터넷 사이트를 통해 상황의 진상을 설명하고, 사이트에서 악성 댓글을 내려줄 것을 요청했다. 그런 다음 지금까지 영업소 철수 및 직원 해고와 관련된 모든 자료를 공개해 모든 사람들이 사실을 알도록 했다. 또한 해고된 직원들을 위한 특별 조건들도 함께 공개해, 비록 해고했지만 좋은 조건의 위로금을 주었고, 덧붙여 중국 현지 직원이든 타이완 직원이든 능력 위주로 보았을 뿐, 다른 어떤 조건도 개입되지 않았다고 강조하면서 오히려 민심을 돌리는 좋은 기회로 만들었다.

주의해야 할 점은 이런 소문들은 진실 여부를 떠나 조금씩 쌓이게 되면 나중에는 감당할 수 없는 나쁜 상황을 가져오고 협상 효과가 반감된다는 것이다.

10. 걷는 놈 위에 뛰는 놈 있고, 뛰는 놈 위에 나는 놈이 있다는 인상을 심어라.

협상을 하다보면 때때로 전문가와 함께 참석하는 것이 좋다. 만약 상대방이 전문가를 데리고 왔다면 당신은 전문가 중에 전문가를 데려가야 하고, 대단한 사람을 데려오면 그보다 더 대단한 사람을 찾아야 한다. 협상에서 전문가의 의견은 대단히 중요하기 때문에, 만약 전문가의 이야기를 전혀 이해 못하고 그가 말하는 전문용어에 눈만 껌뻑이고 있다가는 협상의 주도권은 넘어가고 만다. 진짜 전문가가 있다면 상대방이 말하는 것이 진짜인지 가짜인지 알 수 있으니 정확하게 대처할 수 있다.

3년 전 중국 대륙에 진출해 막 회사를 설립했을 때였다. 상하이에서 강연이 있어서 준비하고 있는데 한 남자가 나를 찾아왔다.

"린 선생님! 선생님의 강의는 정말 훌륭합니다. 하지만 저희 선생님의 강의도 아주 훌륭합니다. 저희 선생님도 타이완의 명사인데, 선생님은 〈포브스〉 잡지사 총편집장이시니 분명 저희 선생님을 아시겠지요?"

그의 말에 머릿속에 몇 명의 이름이 떠올랐다.

'타이완의 명사고 나와 같은 일에 종사하고….'

몇 명의 이름을 떠올리고 있는데 그가 명함을 주었다. 그런데 그 명함의 이름은 타이완에서 단 한 번도 들어본 적이 없었다. 그가 타이완에서 이런 교육 강의 분야에 종사하지 않는다는 것은 분명했다. 나는 타이완 중화교육훈련발전협회의 이사장이기 때문에, 이 분야의 종사자는 대부분 나와 관련이 있기 때문이다. 하지만 이 명함의 주인은 전혀 낯설었다. 나는 일단 그 청년에게 말했다.

"죄송합니다. 제가 타이완을 떠난 지 시간이 좀 돼서 그런지, 당신 선생님은 잘 모르겠습니다. 하지만 분명 그분이 뛰어난 분일 것이라 생각합니다. 언제 서로 인사할 수 있는 기회가 있었으면 합니다."

내가 강의를 막 시작하려고 하는데, 그가 말한 타이완 명사가 회의장으로 등장했다. 십여 명의 직원이 그의 옆으로 함께 들어오는데 그 기세가 대단했고, 마치 유명 스타처럼 자리에 앉았다. 강의를 마치자 그 청년이 자신의 선생님과 나를 찾아왔다.

"린 선생님! 이분이 저희 선생님이십니다. 부탁인데 타이완에서 제일 유명하신 두 분 선생님과 함께 사진 한 장 찍을 수 있을까요?"

사진을 찍고 나서 나는 그에게 물었다. 보통말을 쓰기가 좀 그래서 푸젠화(중국 푸젠성 방언으로, 타이완 이주자의 대부분이 푸젠 사람들이라 대부분의 타이완 사람들은 푸젠화를 쓸 수 있다. - 역주)를 사용했다.

"안녕하십니까? 우린 아마 타이완에서는 별로 인연이 없었나 봅니다. 제가 잘 모르니 말입니다. 앞으로 잘 부탁드립니다. 그런데 타이완에서는 무엇을 가르치셨나요? 어떤 회사인지요?"

그 역시 푸젠화로 답했다.

"아휴, 선생님! 죄송합니다. 선생님은 1991년부터 강의를 하셨지요? 저도 선생님 수업을 들었습니다. 사실 저는 타이완에서 강의는 해 본적이 한 번도 없습니다. 인테리어 사업을 했습니다. 뭐. 그렇게 됐습니다."

인테리어 사업을 한 사람이 중국 내륙에 와서 명강사라는 이름으로 사업을 한다?

진짜 전문가인지 아닌지는 전문가를 만나면 분명히 드러난다. 인테리어 일을 하던 사람도 내 강의를 듣고 중국에 와서 타이완에서 온 명강사 노릇을 하고 있으니….

따라서 어떤 상황에서도 상대방의 진면목을 알기 전까지는 미리 겁먹거나 긴장할 필요는 없다.

11. 상대방 동료의 생각을 바꾸고, 상대방의 인맥을 이용하라.

협상을 하다보면 협상 대표자가 가장 중요하지만, 때때로 상대방 주변 사람들의 도움을 받는 경우도 많다. 따라서 협상 대표의 수많은 주변 사람들과, 특히 비서와 운전기사는 절대로 소홀히 여겨서는 안 된다. 그 두 사람은 사장과 가장 오랜 시간을 함께 하고, 비밀도 가장 많이 아는 핵심적인 인물들이다. 때문에 지위가 낮은 사람이라도 절대로 무시하거나 소홀히 대해서는 안 된다. 그들은 때때로 아주 큰 영향력을 발휘할 수도 있다. 안내 데스크의 여직원은 당신이 회사 안에 들어가 원하는 사람을 만날 수 있느냐 없느냐를 결정하는 사람이다. 그녀가 당신에게 사장님도 없고, 부장님도 없다고 하면 당신은 절대 그들을 만날 수 없다. 따라서 장기적으로 그들에게 관심을 갖고 대해야 한다. 핵심적 인물이라고 반드시 지위가 높은 사람은 아니다.

12. 고요함 속에서 움직여라.

길고 긴 협상 과정에서도 상대방이 먼저 조건을 제시하게 만드는 원칙을 잊어서는 안 된다. 상대방이 버티면 당신도 버티고, 상대방이 침묵하면 당신도 침묵하라. 어떤 경우에도 상대방이 조건을 말하게 해야 당신은 협상에서 유리한 고지에 설 수 있다.

13. 스스로 상처를 드러내라.

상대방이 당신의 결점을 알기 전에 당신이 먼저 자신의 결점을 이야기해야 한다. 비즈니스의 성사를 위해 모든 방법을 동원해 결점을 감추고 상대방에게 좋은 인상을 심어주려는 것이 인지상정이다. 그러나 협상에서 '어떤 부분은 할 수 없고, 어떤 부분은 나쁘고, 어떤 부분이 약점인지' 상대방에게 먼저 솔직하게 말한다면, 그는 당신이 아주 성실하다고 생각하고 더욱 존중하게 된다. 게다가 이렇게 부족한 부분을 솔직하게 말했으니 앞으로 당신이 어떤 말을 해도 믿을 가능성이 훨씬 더 높아진다.

"우리 제품은 포장이 제일 약점입니다. 그러니 제품을 받은 다음에 마음에 들게 다시 포장하십시오. 하지만 우리 제품의 품질은 절대 보장합니다. 당신이 오랫동안 찾던 그 제품이라고 확신합니다."

이렇게 솔직하게 말한다면 상대방은 당신을 좋게 바라볼 것이고, 이후 협상은 오히려 더 순조롭게 진행될 것이다.

14. 시간의 부담을 잘 활용하라.

장기 협상에서도 시간은 서로에게 모두 부담이 된다. 상대방의 최종 기한은 어떻게든 알아내되, 당신의 최후 기한은 절대 들켜서는 안 된다. 심지어 상대방에게 시간 압박을 더 주는 것도 좋다.

"우리는 전혀 급하지 않으니 얼마든지 고민하십시오. 평생이라도 기다릴 수 있습니다."

앞에서 말했듯이 쌍방 모두 시간적 부담에 쫓기고, 상대방이 당신보다 더 스트레스를 받고 있을지도 모른다. 따라서 시간 부담을 잘 활용해 상대방이 결정할 수 있도록 압박하는 것을 잊어서는 안 된다. 상대방이 심리적으로 불안한 상황에서도 고의적으로 시간을 약간 끄는 것도 좋다. 상대방은 시간적 부담 때문에 불안해지는데 당신이 더 시간을 끈다면 결정을 내릴 수밖에 없게 되기 때문이다.

때로는 시간에 쫓기고 있는 상대방에게 당신이 결정을 내릴 수 없는 이유들을 조목조목 들어 상대방을 공략하는 것도 좋다. 예를 들어,

— 너무 바쁩니다.

— 마침 중요한 회의가 있어서 준비를 해야 하기 때문에 지금 당장 결정하기가 어렵겠습니다.

— 죄송합니다. 지금 당장 구입할 것도 아니라서 바로 결정을 해야 할 필요가 없을 것 같습니다.

당신이 이렇게 여유를 부리면 반대로 상대방은 더욱 조급해지고, 상대방이 조급해질수록 상황은 당신에게 유리하게 돌아간다. 쌍방 모두 시간적 부담을 받고 있다면, 상대방이 더 조급해서 얼른 결정을 내리도록 몰아가는 전술을 사용해야 한다.

15. 가장 좋은 시기에 결정을 내려라.

초조하고 성급하게 결과를 얻으려 한다면 가장 좋은 조건을 얻을 수 없다. 따라서 정말 시간적 제한이 있다면, 지체하다가 발등에 불이 떨어져서 급히 결정해서는 안 된다. 아주 짧은 한정적인 시간 내에서는 심리적 요인 때문에 자신에게 불리한 조건을 제시할 수밖에 없기 때문이다.

16. 권한이 제한된 너무 낮은 직위의 사람과는 협상을 피하라.

직위가 낮을 경우 행사할 수 있는 권한이 한정되어 있어, 그들과 협상을 하면 매번 협상 때 나온 안건마다 그는 상사에게 보고를 하고 답을 얻어야 하기 때문에 정신적으로 시간적으로 소모가 크다. 따라서 이런 협상자에게는 더욱 엄격하게 협상 과정에서 결정을 할 수 있도록 요구해야 한다. 또는 상사에게 보고한 후 답을 얻어 결정할 수 있다면 당신 역시 방금 답한 내용에 대해 새롭게 고려할 것이고, 상대방의 상사가 동의하지 않는다면 지금 답한 내용도 무효가 된다고 강경하게 말해야 한다. 때로는 강하게, 때로는 부드럽게 격려하며 한걸음씩 협상을 밀고 나가야한다. 오랜 시간에 걸쳐 이야기가 다 되었는데, 협상 상대의 직위가 낮아서 결정을 못 내리다가 상사에게 보고한 후, 안 된다는 결과를 통보받아 모든 것이 다 허사로 돌아간다면 얼마나 허무하겠는가!

17. 상대방의 이익도 함께 생각하라.

당신이 내세운 어떤 조건들을 포기하는 것을 상대방이 알고 있으면서도, 다시 다른 작은 것을 요구한다면 당신도 상응하는 것을 요구해야 한다. 물론 그 과정에서는 최대한의 예의를 지켜야 한다. 때로 대수롭지 않게 여긴 것들 때문에 모든 것이 일시에 무너질 수 있고, 하찮게 여긴 것에서 좋은 결과가 생기기도 한다. 작은 미끼로 큰 물고기를 잡는다는 평범한 진리를 잊지 말고, 작은 양보로 더 큰 결과를 얻을 수 있다는 것도 명심해야 한다.

길고 긴 협상과정에서 모든 일은 원만하고 부드럽게 풀어가야 함을 기억하라. 모든 일은 마음이 조급할수록 더 힘들어진다. 또 장기 협상에서는 자주 협상 내용을 총정리해서 요점을 정리해두었다가 종종 상대방에게 확인시키고, 또 협상의 성공적인 결과를 위해 함께 노력하고 있다는 과정을 소중히 여겨야 한다.

03 고액 협상을 성공적으로 이끄는 방법

'당신이 말하는 것은 대부분 비즈니스에 관한 내용인데, 나는 가정주부이거나 학생이나 농민인데, 내가 협상의 기술을 배워서 쓸데가 있을까요?'

많은 독자들이 아마 이렇게 생각할 것이다. 하지만 절대 그렇게 생각해서는 안 된다. 당신이 농민이라면 과거의 생활이 반드시 당신의 미래일 것이라고 생각해서는 안 된다. 과거에는 협상할 기회가 없었다 해도 앞으로 많은 기회들이 올 것이고, 협상이 필요할 일이 생길 가능성은 얼마든지 있다.

학생이라면 앞으로 직장을 찾을 더 좋은 자리, 더 좋은 발전 가능성을 잡으려면 협상이 필요하다.

가정주부라면 아이들이 앞으로 점점 더 요구가 많아질 것이고, 그때마다 협상이 필요하다. 아이들과의 협상과정은 아주 좋은 교류가 될 수 있다.

협상은 일종의 예술이다. 예술에는 남녀노소의 구분이 없고, 학력의 높고 낮음도 상관없고, 지위 고하의 구분도 필요 없다.

여러분들도 나라가 발전하면서 더 많은 세계 각국 사람들과 협상을 할 수 있기를 간절히 바란다. 나라가 발전하면 기업도 발전하고 국민도 발전한다. 이 과정에서 나는 많은 사람들이 더 많은 능력을 갖고, 협상을 통해 더 좋은 결과를 얻는 데 도움이 되기를 바란다. 모든 사람들이 협상의 기술을 배우고 끊임없이 연습해 기술을 습득한다면 마지막에 분명 웃게 될 것임을 믿어 의심치 않는다.

협상은 몇 천 원짜리 생선이나 야채를 살 때에도 이루어지고, 때로는 수억, 수십억 원의 고액 협상도 있다. 이런 고액 협상을 성공적으로 이끌려면 반드시 기준이나 규범을 세워 거기에 따라서 진행해야 한다.

고액 협상을 성공적으로 이끌기 위한 첫 번째 기준은, 포부를 크게 가져야 한다. 마음을 크게 하는 것은 핵심중의 핵심이다.

나는 17개의 강사 증서를 갖고 있는데, 그중 몇 개는 '최면요법'과 관계있는 것이다. 나는 최면에 대해서 미국 최고의 최면 강사에게 배웠는데, 그의 한마디 말은 아직도 많은 생각을 하게 해준다.

'목표를 세울 때 달을 맞추겠다고 하면, 설사 빗나가도 그 앞의 산에라도 맞는다. 하지만 목표를 산으로 한다면, 빗나가면 나무 한그루에 맞는 정도에 불과할 것이다.'

목표를 크게 세우라는 뜻이다. 크게 생각하면 할수록 설령 달성하지 못해도 중간정도는 이루지만, 중간을 목표로 잡고 달성하지 못하면 작은 것 밖에 이루지 못하고, 작은 것으로 잡고 달성하지 못하면 아무것도 얻지 못한다.

큰 목표, 중간 정도의 목표, 작은 목표는 포부가 얼마나 큰지에 따라 스스로 결정하는 것이다. 때문에 상대방과 토론을 할 때는 끊임없이 큰 숫자, 큰 포부를 이야기해야 상대방은 당신이 큰 비즈니스를 이야기하고 큰 액수를 다룰 수 있는 사람이라 여기게 될 것이다.

나는 2005년 4월 21일 내 생일에 2009년 4월 21일 45세 생일이 되면 은퇴하겠다고 내 자신과 동료, 파트너들에게 공개적으로 선언했다.

내가 은퇴를 결심한 이유는, 성공학 교육 강사라는 일이 물론 명예와 부를 가져다주지만 너무 힘이 들고, 끊임없는 노력을 해야 하는 일이고, 60, 70이 넘어서도 강단에서 열심히 강의한다 해도 그 내용들이 제대로 전달된다는 보장도 없다. 게다가 하루에 100만 원 이상을 벌어들인다지만, 1년 365일 그렇게 하다가는 내 목이나 건강에 치명적이기 때문이다.

그래서 나는 이런 저런 일들을 한참 심사숙고한 뒤 조금도 망설이지 않고 은퇴를 선언했다. 나는 남은 4년 동안 온힘을 다해 노력해 108명의 강사를 배출해 그들로 하여금 내 몫을 이어서 하게 할 생각이다. 그들 108명의 강사가 나와 같을 필요는 없다. 나는 그들이 능력을 발휘할 수 있는 가장 적합한 방향과 자리를 찾아서 각자의 무대를 갖게 되도록 힘껏 도울 것이다. 나는 '내가 무대에서 내려와 더 많은 사람들이 그 무대에 올라가게 해야 한다.'고 스스로에게 다짐을 한다.

나와 일하는 동료들과 파트너들에게 우리가 해야 할 일도 빠뜨리지 않고 이야기하고 있다. 우리 회사는 한 개의 회사가 아니라 일종의 그룹이다. 때문에 우리는 각 나라와 지역에서 동시에 회사들이 상장할 수 있도록 도와주는 작업을 준비 중에 있다. 이 일을 하는 이유는, 모든 실천가들이 노력한 결과를 한 사람이 다 누리는 것이 아니라 모두 함께 누리게 하기 위함이다.

이를 위해 우리는 회사에서 일한 지 30개월이 넘으면 최저 가격으로 고액의 주식을 배당하기 시작했다. 우리는 이 계획의 이름을 '三十而立' 계획이라 지었고, 30개월 이상 근무자는 주식의 권리를 누릴 수 있게 하고 있다.

이렇게 하는 이유는 나름대로 큰 꿈의 일환이기 때문이다. 우리는 지금의 회사를 개인 기업이 아닌 그룹형으로 만들어 모두가 함께 발전시키는 기업으로 만들 생각이다. 이를 위해 해외의 자금과 지금까지 벌어들인 모든 이익을 한데 합쳐서 타이완, 중국, 싱가포르, 말레이시아 모두 함께 누릴 수 있게 할 생각이다. 이런 바탕에서 모두가 공동의 이익을 위해 일하고, 그런 혜택들은 그들이 그 목표를 위해 열심히 일하는 동력이 될 것이다. 우리가 이 일을 완성했을 때에는 분명 특별한 결과를 얻게 될 것이다.

우리의 마음을 크게 열고 무대를 개방하고, 재부(財富)도 개방하고 모든 자원들을 개방한 후에는, 열심히 노력하고 실천한 이들은 초 단시간 내에 뛰어난 인재로 태어날 것이다.

이것이 바로 내가 마음속으로 생각하는 결과이다. 만약 원래의 사고대로 한 사람이 회사를 열고 사장 한명이 경영하고, 한 사람이 모든 과정을 강의한다면, 앞으로의 길은 갈수록 좁아질 것이 분명하다.

여러분들 중에 러시아 민속 인형 '마뜨료쉬카'를 본 사람들이 있을 것이다. 커다란 인형을 열면 그 안에 조금 작은 것이 있고, 다시 열면 좀 더 작은 것이 있고…. 마지막에는 손가락만한 인형이 들어있는 그 인형 말이다.

다음의 일화를 여러분들은 어떻게 생각할지 궁금하다.

세계 최대의 광고기업인 옴니콤(Omnicom) 그룹은 직원이 승진할 때마다 사장이 이 마뜨료쉬카에 쪽지 한 장을 넣어 선물한다. 직원이 인형을 한 개씩 한 개씩 열고 맨 마지막 인형을 열면 그 안에 이런 내용의 쪽지가 들어있다.

'이것이 바로 당신입니다. 자신을 작게 해야 더 많은 사람들을 받아들일 수 있습니다.'

우리 역시도 어떤 일을 할 때 어떻게 자신을 작게 하고, 어떻게 해야 더 많은 사람들을 수용할 수 있을지 고민해야 한다. 단, 여기서 주의해야 할 것은 당신이 작게 해야 할 것은 겉으로 보이는 모습이지만, 마음은 더욱 크게 해야 한다. 자신을 작게 하고 낮추면 부딪침이 없어지고, 마음을 크게 포부를 크게 한다면 더 크고 더 먼 곳을 생각할 수 있다.

한 문장으로 가장 높은 수준의 협상 스타일을 설명한다면, 그것은 바로 '포부를 크게 하라'이다.

　우리 회사의 세계 각지 지사들이 모두 타 회사의 상장 준비를 도와주는 역할을 한다고 공표한지 1주일 만에, 상장을 목표로 하는 3개의 회사(모두 미국 나스닥 상장을 목표로 하고 있다)가 우리를 찾아왔다. 그들은 우리의 교육 시스템을 통해 자신들의 시스템을 견고하게 만들고, 보다 훌륭한 비즈니스 모델을 만들 수 있기를 바랐다. 그들은 모두 투자자들을 찾고 있었지만, 훌륭한 교육 시스템이 없어서 투자자들의 외면을 받았기 때문에 우리를 찾아온 것이었다. 내가 이 일을 하겠다고 말하지 않았을 때는 아무도 나를 찾지 않았지만, 말하자마자 수많은 기업들이 나를 찾아와 도움을 요청했다.

　만약 포부가 작다면 아주 작은 무대만 생각할 뿐이고, 그저 한 분야의 뛰어난 강사가 되기를 꿈꿀 뿐이고, 한 회사의 사장으로 작은 일 하나만 하길 바랄 뿐일 것이다. 하지만 당신이 포부를 크게 한다면, 보다 좋은 기회들이 많이 나타날 것이다.

　모든 사람들이 협상에서, 외국인들과 교류할 때 포부를 크게 하는 법을 배워야 한다. 내년 4월에 우리는 미국에서 책을 한권 출간한다. 나와 한 미국 교수가 공동 저술한 것으로, 미국 〈뉴욕 타임스〉를 통해 홍보할 생각이다. 내가 이 책을 쓴 이유는, 과거에 나는 수많은 서양의 지식들을 배웠지만 지금은 많은 서양인들이 동양의 지식을 배우려고 하고 있으니, 우리도 열심히 노력해 동양의 가치를 전달하고 더 큰 이익을 얻기 위해서이다. 내가 미국에서 책을 출판하려는 목적처럼 더 많은 사람들이 서로를 이해하기를 바란다. 동양은 서양을 인식하고, 서양은 동양을 인식하고 함께 시장을 더 크게 만들어야 한다.

포부가 커야 고액 협상이 이루어질 수 있고, 더 좋은 결과를 얻을 수 있다.

고액 협상을 성공적으로 이끌려면 가장 중요한 것은 포부를 크게 갖는 것이다. 당신은 당신의 제품과 서비스가 높은 가격을 받을 수 있다는 것을 믿어야 하고, 야심을 키워서는 안 된다는 심리적 부담을 극복할 수 있다고 믿어야 한다. 포부를 크게 갖는다면 고액의 협상도 성공적으로 이끌 수 있다. 많은 사람들이 포부를 크게 키우지 못하고 소심해지는 이유로 다음의 5가지가 있다.

1. 포부를 크게 하는 것이 무엇인지 제대로 모른다. 그들의 성장과정에서 큰 것을 본 적이 없기 때문에 5만 달러면 이미 가장 고액이라 생각한다.

2. 과거의 경험에서 벗어나지 못하기 때문이다. 그런 사람은 나이가 그의 가장 큰 장애물이 된다.

3. 과거의 경험이 지표가 되기 때문이다. 수많은 것들에 대해 과거 경험을 기준으로 보기 때문에 보다 큰 것, 보다 큰 비즈니스를 만들어 낼 수가 없다.

내가 아는 보험회사 세일즈맨의 경험이다. 그는 중국 창청^(長城)호텔의 사장과 비즈니스를 해보고 싶었지만, 과거의 경험상 큰 기업의 사장들은 이미 보험에 든 경우가 많아서 이번에도 그럴 것이라 생각하고 가지 않았다. 그런데 그의 부하 직원이 창청 호텔 사장을 찾아갔고, 노력

끝에 결국 커다란 액수의 보험계약을 따냈다. 포부를 크게 하는 것에는 여러 가지 형식이 있다. 과거의 경험으로 새로운 것을 바라본다면, 그 경험은 당신의 장애물이 되고 만다. 때로는 용감하게 과거의 경험에서 벗어나 새로운 발전 기회를 찾아야 한다.

4. 언제나 다른 사람이 기회를 주기만을 기다리기 때문이다. 다른 사람이 기회만 주면 아무런 대가도 바라지 않는다. 기회를 준 것만으로도 도와준 것이니 그것으로 충분한데 무슨 대가를 바라겠는가라고 생각한다. 하지만 잘못된 생각이다. 상대방이 당신에게 기회를 준 것이기도 하지만 당신 역시 상대방에게 기회를 준 것이기도 하다. 당신 역시 무엇과도 바꿀 수 없는 가치가 있다는 것을 잊어서는 안 된다.

5. 평소 생활에서 수많은 작은 숫자만 맴돌면서 생활하기 때문이다. 큰 숫자를 본적도 없고 주변 사람들도 마찬가지로 작은 비즈니스를 하며 산다. 그 속에서 생활하다 보면 포부가 커지기가 쉽지 않다.

사실 나 역시 발전과정에서 비슷한 경험을 겪었다. 내가 막 발전단계에 접어들었을 때 나를 추켜세우며 공짜로 강의를 들을 수 없겠냐고 사람들이 찾아왔었다. 내가 말하고 싶은 것은, 정말 뛰어나다면 그에 합당한 지위와 가치를 스스로 부여해야 한다는 것이다. 자신의 가치나 지위가 높지 않으면 찾아오는 사람들은 평범한 사람들뿐일 것이다. 공짜로 강의를 듣고자, 공짜로 뭘 얻을까 해서 오는 사람들뿐일 것이다. 당신의 가격을 높이고 포부를 크게 하면 찾아오는 사람들도 저절로 걸러지게 된다.

협상의 예술을 예로 들어보자. 국제과정을 중국에 들여가 강의를 할 때 최초 강의료는 1인당 3,800위안(약 49만원)이었는데, 3년 만에 두 배인 7,500위안(약 98만원)으로 올렸다. 그런데 강의를 들으러 오는 사람도 훨씬 많아졌고 수준도 훨씬 높아졌다. 이미 가격과 내용으로 진입 장벽이 형성되었기 때문에, 자동으로 이 과정이 필요한 사람들만 들어올 수 있게 걸러진 것이다.

그런데 문제는 사람들이 협상을 할 때 직접 무엇이 높은 가격이고, 낮은 가격인지 말하지 않는다는 점이다. 만약 파는 사람이라면 첫 번째 말하는 가격이 가장 높은 가격일 테고, 반대로 사는 사람이라면 첫 번째 가격이 가장 낮은 가격일 것이다. 때문에 상대방의 처음 가격에 유혹 당해서는 안 되고, 합당한 가격이 어디인지를 파악해야 하는 것이 가장 기본이다. 기억해야 할 것은 파는 쪽은 첫 가격을 높게 부를수록 유리하고, 사는 쪽은 첫 가격을 낮게 부를수록 유리하다.

회사를 볼 때 대기업, 작은 기업의 기준이 나름대로 있을 것이다. 주의할 것은 자신이 생각한 분류에 자신을 가둬두지 말라는 것이다. 작은 기업이라고 작게, 보수적으로 조심조심 해야 한다고 생각해서는 안 된다.

 >>

저장성 이웃에서 양말가게를 하는 28살의 젊은 부부가 있었다. 그런데 놀랍게도 이 부부가 함께 내 강의를 듣고 나서 바로 내게 자신들과

4장_
여러 유형의 협상에서 성공하는 법

자신의 거래처 사람들만을 위한 강의를 해줄 것을 부탁했다. 총 152명의 강의비와 전국 각지에서 심천까지 오는 비행기 표, 숙박비, 식사비까지 모두 그가 부담했는데, 그 비용이 약 2억원에 달했다. 겨우 28세의 청년의 행동에 우리 모두 깜짝 놀랐다. 그런데 나중에 보니 그는 아주 똑똑하고 포부가 큰 사람이었다. 내 강의를 통해 그는 자기와 거래처 사람들이 공동의 관점을 갖고 함께 공동의 환경과 기회를 창조할 수 있기를 바라며 투자했고, 그의 투자는 성공했다.

3일의 과정이 끝나고 나서 바로 그는 신상품 발표회를 열었다. 참석한 그 판매상들은 모두 물건을 예약했고, 그 하루 동안 그는 무려 300억 원의 매출을 올렸다. 그것은 작년보다 200% 성장한 것이었다. 이렇게 포부를 크게 갖고 거래처 사람들에게 투자하면서 그의 사업은 엄청나게 커졌다.

협상을 성공적으로 이끌지 못하거나 더 크게 만들지 못하는 이유는 대부분 당신의 포부가 작기 때문이다. 다른 사람들을 드러내게 해주는 일은 쉽지만, 자기 자신을 드러내고 포장하는 일은 어렵다고 생각한다. 전자는 고취하는 것이고 후자는 허풍떤다고 생각하지만, 사실 두 가지의 차이점은 없다. 중요한 것은 당신이 충분한지 아닌지, 가치가 있는지 없는지에 대한 스스로의 자신감이다. 자신이 가치가 있다면 몸값을 못 높일 이유가 어디 있으며, 다른 사람들에게 자신 있게 자신을 드러내지 못하고 당당하게 요구를 하지 못할 이유는 없다.

협상과정에서 상대방이 말한 첫 번째 가격이 협상 성사를 위한 유일한 가격은 절대 아니라는 것을 알고 있으니, 겁먹거나 긴장할 필요가 없다.

우리는 때로 다른 사람을 도와 협상을 할 때가 있는데, 그때 자신에 대한 충분한 믿음이 없거나 자신에 대해 이야기할 마음이 없다면 나중에 그 누구도 당신에게 협상을 도와 달라고 하지 않을 것이다. 그러니 왜 자신을 위해 가장 좋은 조건을 설정하지 않고, 자신을 위해 얻으려고 하지 않고, 자신을 가장 높은 가치를 지닌 사람으로 만들려 하지 않는가?

내가 늘 말했듯, 현재 이 사회에서 당신은 언제든 움직일 수 있는 주식과 같다. 당신이라는 이름은 이 주식의 가장 아름다운 대표이다. 당신이 어디를 가든 당신이 지닌 주식을 선전해야 하고, 당신을 주식이라 생각하고 경영해야 한다.

타이완에서 한동안 사람을 주식처럼 상장할 수 없을까라는 다소 엉뚱한 이야기로 많은 사람들이 인터넷에서 논쟁을 했다.

타이완의 유명 모델인 린즈링, 가수 차이린은 우량주일까? 하며 한동안 진지하게 토론을 했다. 나중에 사람들은 누구도 부인 못할 우량주는 리우더화와 량차오웨이 두 사람이라고 결론지었다. 둘 다 40이 넘은 배우지만 여전히 매력적이고 영향력이 있다. 내가 말하고 싶은 것은 왜 자신을 가장 비싸고 누구나 원하는 우량주로 생각하지 않느냐는 것이다. 당신은 가장 뛰어난 브랜드이다.

협상의 예술은 자신의 꿈을 실현시켜줄 수 있는 가장 중요한 도구이다. 다른 사람과 교류할 때, 소통할 때, 교섭할 때 어려움을 돌파할 수 있는 핵심적인 도구가 된다. 따라서 쉽게 물러서거나 양보하지 말라.

당신이 꼭 이뤄야할 목표 앞에서는 물러서서는 안 된다. 그리고 이렇게 말하라.

"양보하고 안 하고가 당신에게 중요하지 않지만, 내게는 무엇보다 중요하다. 나는 가장 좋은 것을 갖고 있고, 가장 뛰어난 사람이며 당신에게 아름다운 미래를 줄 수 있다."

부록 1

나의 협상 점수는 몇 점?

우리는 협상을 통해 일에서, 생활에서 원하기만 하면 누구나 모두 만족하는 결과를 만들어낼 수 있다. 그렇다면 생활 속에서 당신이 그렇게 하고 있는지 판단해 보자.

다음의 질문은 이 책을 다 읽고 나서 자신을 점검하기 위한 것이다. 어떤 부분은 제대로 했는지, 어떤 부분이 부족한지 스스로 판단해 보기 바란다.

모두 32개의 항목으로 구성되어 있고, 항목마다 지금까지 한번도 그렇게 하지 않았으면 1점, 때때로 할 경우는 2점, 자주 그렇게 할 경우는 3점, 항상 그렇게 할 경우는 4점을 주면된다.

	항목	점수
1	나는 협상 전에 상대방에 대한 자료를 준비하고 연구 분석한다.	
2	협상 전략 전술을 짜기 전에 상대방의 배경자료를 분석한다.	
3	협상마다 이번에는 무엇을 이룰지 목표를 분명히 갖고 임한다.	
4	나는 목표를 달성하는 데 적합한 협상 방법을 선택한다.	
5	내가 선택한 협상 전략은 나의 주요한 목표를 달성할 수 있게 만들었다.	
6	협상을 다른 사람에게 위탁할 때 그에게 아주 상세한 자료와 정보를 주고 상응하는 대가를 지불한다.	
7	협상을 다른 사람에게 위탁할 때 그에 상응하는 권한도 부여한다.	
8	협상과정에서 상황에 따라 다양한 표정과 태도로 융통성 있게 변한다.	
9	나는 협상은 쌍방 모두 이익을 얻을 수 있는 좋은 기회라고 생각한다.	
10	협상에 임할 때 모든 사람이 만족할 수 있는 협의를 이끌어내겠다고 결심한다.	
11	분명한 어조로 내 의견을 표현한다.	
12	의견이나 관점을 말할 때 논리정연하게 말한다.	
13	나는 말을 할 때 의식적으로 다양한 신체 언어를 구사하면서 상대방과 교류한다.	
14	나는 상대방을 언제나 칭찬하고, 상대방의 약점을 드러내지 않는다.	
15	협상에서 언제나 예의를 갖추어 상대방을 대한다.	
16	협상에 임할 때 가능한 최종기한을 설정해 놓으며, 협상에서 그것을 현실화시킨다.	

항목	점수
17 나는 직관을 이용해 상대방의 전술을 이해한다.	
18 필요하다면 결정권을 행사할 수 있는 권력을 갖고 있다.	
19 나는 상대방과의 문화적 차이에 아주 민감하다.	
20 협상 팀의 일원으로 완벽한 팀웍을 이루며 내 할 일을 한다.	
21 나는 내 자신을 상대방의 입장에 놓고 객관적으로 문제들을 바라본다.	
22 나는 상대방이 의견을 제시할 수 있도록 자연스럽게 유도하는 방법을 알고 있다.	
23 나는 협상에서 절대로 먼저 가격이나 조건을 제시하지 않는다.	
24 나는 조건부 제안을 통해 협상이 빨리 진전되도록 한다.	
25 나는 언제나 한걸음 한걸음 목표를 향해 전진한다.	
26 나는 표정의 변화를 협상전술의 일부분으로 사용할 줄 알지만, 평소에는 표정을 도구로 사용하지 않는다.	
27 나는 정기적으로 협상의 진전 상황을 정리해서 상대방에게 알려준다.	
28 나는 전략적으로 협상 회의를 잠시 멈추고 혼자 생각할 시간을 갖는다.	
29 협상이 결렬되면 이 상황을 돌파할 수 있도록 제 3자를 청한다.	
30 협상이 소강상태에 빠지면 조정자를 청하는 것이 가장 좋은 방법이라 생각한다.	
31 협상이 끝나면 모든 협의서에 반드시 쌍방의 서명으로 확인한다.	
32 나는 가능하면 협상을 쌍방이 만족하는 WIN-WIN으로 이끌기 위해 노력한다.	

체크가 끝나면 점수를 계산해 보자.

점수가 32~64점이면 당신의 협상 실력은 좀 떨어지는 편이라 할 수 있다. 반드시 성공적인 협상에 필요한 전술과 전략을 배우고 활용해야 한다.

점수가 65~92점이면 당신의 협상 실력은 괜찮은 편이라 할 수 있지만, 보다 섬세한 기술을 익혀야 한다.

96~128점이라면 당신의 협상실력은 수준급이다. 앞으로 조금만 노력하면 어떤 협상도 성공적으로 이끌어낼 수 있을 것이다.

부록
2

협상
체크
리스트
101가지

1. 협상 전 준비에 있어서 기억해야 할 것은, 협상의 고수가 되고 싶다면 상대방의 요구를 알고, 이해하는 법을 배워야 한다.

2. 아무리 사전 준비를 많이 해도 협상에서는 부족하기 마련이다. 때문에 양적인 준비보다는 핵심적인 내용을 준비하는 데 주력하라.

3. 협상의 성공을 생각해야지 실패를 생각해서는 안 된다. 언제나 좋은 쪽으로 생각하라.

4. 실천을 통해 협상의 기술과 기교를 발전시켜야 한다.

5. 협상에 임할 때 타협과 양보가 가능한 부분을 미리 생각하고 준비해두어야 한다.

6. 협상의 유형에 따라 어떻게 대응할지 전략을 세워라.

7. 위탁하여 협상을 할 때면 위탁자에게 어떤 것을 하고 어디까지 해야 하는지, 책임질 부분과 행사할 수 있는 권한을 명확히 인지시켜 주어라.

8. 주목표와 차목표를 명확히 해두는 것을 잊지 말아라. 협상에서 차선 목표에 대해서는 필요하다면 양보할 수 있어야 한다.

9. 융통성 있게 대처하라. 융통성은 힘의 상징이지 나약함을 보여주는

것이 아니다. 융통성 있는 대처는, 보다 좋은 해결방법을 찾고자 노력한다는 것을 보여주는 행동이다.

10. 성급하게 동의하지 말라. 나중에 반드시 후회한다.

11. 설정한 목표들을 종이에 적고 주목표와 차목표 순서대로 나열하라. 주목표는 반드시 지켜내야 하고, 차목표는 상황에 따라 양보할 수 있다.

12. 타협 가능한 것과 절대 타협 불가능한 것들을 미리 정해두어라.

13. 한마디 말로 목표들을 간단히 정리해서 더욱 명확하게 만들어라.

14. 협상 전에 비현실적인 목표들을 버려야 한다. 불필요한 것에 시간과 정력을 낭비하지 말라.

15. 자신만의 정보 네트워크를 만들어 신속하고 정확한 정보를 받을 수 있게 해야 한다.

16. 다른 사람과 이야기할 때 가만히 경청하라. 그 속에서 좋은 정보들을 얻을 수 있다. 그 속에 끼어들어 더욱 혼란스러운 국면을 만들지 말라.

17. 위대한 협상가들의 전략과 전술을 배우고 익혀라. 그들의 실전 체

험 속에서 자신에게 합당한 전략과 전술을 배워라.

18. 협상 상대를 잘 알고 있는 사람들과 교류하라. 그들을 통해 유용한 정보를 얻을 수 있다.

19. 상대방 역시 협상의 전략 전술을 쓸 수 있다는 것을 염두에 두어라.

20. 협상과정에서 상대방의 태도나 표현을 통해 당신이 예측했던 것들이 맞는지 틀리는지 점검하라.

21. 상대와 이전에 협상한 경험이 있는 사람들과 가능하면 많이 교류하고 배워라.

22. 상대방의 어떤 사람이 협상에 참가할지 사전에 조사하고 예측해 두라.

23. 전략은 단순하고 융통성 있게 사용하라.

24. 협상에서 감정 조절을 잘해야 한다. 화를 내거나 절망하거나 분노하지 말라.

25. 협상 진행 과정에 대한 모의 시간표를 작성해라.

26. 협상에 참가할 때는 전문가처럼 보이면서도 편한 옷을 입어라.

27. 때때로 계산된 침묵은 더 많은 정보를 얻을 수 있는 좋은 방법이다.

28. 협상의 진행 시간과 흐름을 미리 예상해두고, 상대방을 당신의 협상 리듬 속으로 끌어들여라.

29. 협상 시작 시간보다 미리 협상 장소에 도착해 현장 분위기를 파악하고 정보를 수집하라.

30. 서신은 간략하게 쓰고, 일은 더 간결한 방식으로 처리하라.

31. 어떤 협상 회의도 2시간 이상 계속해서 하지 마라. 집중력이 떨어진다.

32. 시계를 보면서 흐름을 조절할 수 있도록 협상 장소에 모두가 볼 수 있는 큰 시계를 준비하라.

33. 당신이 준비한 전술을 한번에 다 보여주지 말라. 더 어려운 난관이 닥쳤을 때 활용할 수 있는 전술이 필요하다.

34. 필요하다면 협상 쌍방이 연락할 통신 도구들을 하나씩 준비할 수 있도록 하라.

35. 가능하다면 노트북을 가져가라. 회의 중에도 언제든 필요한 정보

와 자료를 얻을 수 있어서 상대방의 말에 의해 판단 기준이 흐려지지 않는다.

36. 협상에서 대표자는 자기 팀의 모습과 움직임, 대처자세에 대해 정확히 파악해야 한다.

37. 협상 참가자들은 실리적이고 이성적인 사람, 감성적이고 인간적인 사람, 강한 사람, 부드러운 사람 등 다양하게 구성하는 것이 좋다.

38. 대규모 협상에 임할 때는 관련된 부서들을 합당하게 배치하고, 쌍방의 관련인사끼리 협상들을 진행하도록 한다.

39. 협상 시작 시에는 논쟁이 일어날 만한 말은 하지 않는 것이 좋다. 시작하자마자 논쟁이 될 쟁점으로 바로 들어가는 것은 분위기를 경직시킨다.

40. 쌍방이 서로의 생각을 공유하는 것은 대단히 중요하다. 협상을 통해 공유점을 찾아내어 협상의 기준을 삼는 것이 좋다.

41. 다른 사람의 이야기를 들을 때는 내용뿐만 아니라 어조도 살피고, 사안에 대한 태도와 관점, 얼마나 중시하는지 까지 함께 파악

해야 한다.

42. 건의나 제안을 할 때는 일로 이야기해야지 감정이 실려서는 안 된다.

43. 당신과 관계있을 일을 이야기할 때만 입을 열어라. 쓸데없는 말을 많이 하면 실수가 잦아진다.

44. 상대방의 어떤 건의도 상세하게 살펴 그 안에 있는 다른 정보들을 캐내라.

45. 적당하게 사용하는 유머는 협상을 부드럽게 한다. 하지만 똑똑하고 능력 있다고 자신을 지나치게 드러내는 것은 좋지 않다.

46. 협상 시 쌍방이 주장하는 입장에서의 공통점을 찾아라.

47. 상대방의 의견을 다 듣고 난 후에 반응하라.

48. 의도적으로 협상을 지연시키려면 자연스럽게 상황을 만들어라. 또 매번 그런 전술을 써서 상대방에게 의도를 들키지 않도록 주의하라.

49. 양보를 할 때마다 당신에게는 엄청난 손실이라는 것을 상대방에게 정확히 전달하고, 양보의 중요성을 강조하라. 그렇지 않으면 당

신의 양보와 서비스의 가치는 점점 떨어지고 만다.

50. 협상을 더 이상 진행시킬 수 없을 때 휴식을 취하는 것이 분위기 전환에 훨씬 좋다.

51. 상대방의 뛰어난 협상 기술 때문에 좌절을 맛보았다면, 대응하기 전에 다시는 실패하지 않도록 심사숙고해야 한다.

52. 협상의 기교와 기술을 끊임없이 연습하라.

53. 예측하지 못했던 상황이 벌어지면 잠시 멈춰서 새로운 요소가 협상 결과에 영향이 미치지 않도록 하라.

54. 건설적인 토론에만 적극적으로 참여하고, 쓸데없는 논쟁은 하지 마라.

55. 새로운 문제가 도출되면 계속 토론하지 말고 일단 쉬어라. 쉬면서 정보를 수집한 후 다시 토론하라.

56. 기록하지 않았지만 구두로 동의한 문제에 대해서는 반드시 지켜라.

57. 협상 일원 중 한사람을 선택해 상대방의 정보를 전담해서 수집하게 하라.

58. 언제나 경계하고 긴장상태를 유지하라. 상대방의 핵심적인 정보 는 그가 방심한 그 순간에 흘러나오니 그것을 찾아낼 수 있도록 긴장하라.

59. 다른 사람의 신체 언어를 관찰하고 자신의 직관을 믿어라. 직관 은 경험의 누적이다.

60. 어떻게 해야 하는지 자주 물어라. 왜 이런 결과가 나오는지 묻고 어떻게 하면 더 좋은 결과를 얻을 수 있을지 상대방과 함께 토론 하라.

61. 상대의 신체언어를 관찰하면서 전술을 조정하라.

62. 끊임없이 중간 정리를 하고, 당신의 입장을 새롭게 평가하라.

63. 정확한 신체언어를 활용해 당신의 중요 관점을 강조하라.

64. 중재가 필요하다고 생각되면 제 3자의 활용을 꺼리지 마라.

65. 어떤 경우에도 상대방의 존엄성은 지켜주어야 한다. 언제나 상대 방을 존중하라.

66. 상대방이 충동적으로 나오면 그는 지금 수세에 몰리고 있다는 것 이다. 당신의 우세한 상황을 발휘해 전세를 역전시켜라.

67. 하루를 마감하는 시간에는 주요 사안을 논의하지 말라. 주요한 사안은 정신이 맑을 때 논의하는 것이다.

68. 상대방의 약점이 어디에 있는지 끊임없이 관찰하라.

69. 필요할 때마다 조금씩 양보하라. 시작하자마자 할 수 있는 모든 것을 한번에 양보하지 말라.

70. 따뜻한 시선으로 자연스럽게 상대방과 교류하라.

71. 당신의 양보로 상응하는 보답을 받지 않는 이상 쉽게 양보하지 말라.

72. 협상에서 작은 사안의 양보는 큰 것을 얻기 위함이다. 작은 것을 양보해 큰 것을 지켜라.

73. 협상의 성공이라는 대의적 관점을 상기시켜라. 협소한 관점으로 협상을 말하지 말라.

74. 모든 협의는 문자로 기록해 남겨 나중에 참고자료로 사용한다.

75. 협상의 모든 과정도 문자로 기록해 남겨두어야 한다. 자주 꺼내보며 상대방의 입장이 어떻게 변화했는지 알아두라.

76. 문서로 협의를 정리할 때 문제가 생길 수 있는 불명확한 단어는

배제하고 정확하게 작성한다.

77. 협상을 빨리 진행한다고 어떤 작은 문제라도 소홀히 넘어가서는 안 된다.

78. 협상을 마무리 지으려고 할 때 어조는 긍정적이고 부드럽게 하라. 딱딱하고 공격적인 어조는 마지막에 감정상 문제로 일을 그르치게 할 수 있다.

79. 상대방이 이 협상을 마무리 지을 수 있는 확실한 권력이 있다는 것을 확인하라.

80. 상대방에게 최후의 제안을 할 때는 상대방의 눈을 바라보며 하라.

81. 만약 협의가 불만족스럽다면 서명하지 말라. 후에 자신이 책임질 수 없는 상황에 빠지는 것을 피해야 한다.

82. 토론과정에서 상대방과 공통된 관점을 찾았다면, 그 공통점은 종종 협상이 난관에 부딪힐 때 돌파력이 된다.

83. 상대방이 조금 망설이는 태도를 보인다면 지적하지 말고 이해한다는 태도를 보여주라.

84. 협의가 소강상태에 빠지면 다시 시간을 잡을 수 있도록 유도하거나 제 3자의 중재를 청하는 것이 좋다. 교착상태에 빠진 상태에서 계속 이야기하는 것은 상황을 악화시킨다.

86. 협상 과정에서는 언제나 예의를 갖춰야 하지만 원칙을 잊어서는 안 된다. 상대방의 의견을 존중하되 당신의 입장도 지켜라.

87. 전체 질서가 정상적으로 회복되었다면 다시 사과하지 말고 지난 논쟁은 꺼내지 말고 전진하라.

88. 협상이 소강상태에 빠졌더라도 상대방과의 연락은 유지하라. 일이 틀어지더라도 적어도 감정상의 관계의 끈은 놓아서는 안 된다.

89. 협상의 중단으로 발생하는 손실을 피하기 위해 다시 협상할 수 있는 시기를 정해놓아야 한다.

90. 협상에 제 3자를 적극적으로 끌어들여라.

91. 중재자를 청할 때 비용이 들겠지만 그만큼의 가치가 있다는 것을 믿어라.

92. 조절자로 들어온 중재자는 쌍방의 협상에 좋은 작용을 할 수 있

는 사람으로 선택하라.

93. 소강상태에 빠졌다면 원래 사용하지 않던 방식이나 규칙의 사용을 고려해 보라. 새로운 사고방식은 때로 해결할 수 없는 문제를 해결해 준다.

94. 뛰어난 중재자는 절대적으로 그 가치를 한다. 가치에 대한 대가 지불에 인색하지 말라.

95. 전체 중재 과정을 당신도 함께 알고 있어야 한다. 모든 것을 일임하고 밖으로 빠져서는 안 된다.

96. 쌍방이 모두 신임하는 중재자를 선택하라.

97. 필요하다면 중재자를 불러라.

98. 전체 협의를 집행하는 순서는 쌍방이 함께 협의해야 한다. 어느 것부터 우선 집행하고 두 번째, 세 번째 집행 순서를 함께 정하라.

99. 협의를 마친 후 실제 실천하고 집행하는 시간을 예상하고 안배하라.

100. 팀원 중에서 누가 전체 협의 진행 과정의 최신 정보를 알아야 하는지 결정하라.

101. 협상을 마치면서 좋은 인상을 남기는 것은 협상 시작 시에 좋은
    첫인상을 주는 것과 마찬가지로 중요하다.

세계가 인정한 **협상교과서**

초판 1쇄 인쇄 2010년 1월 22일
초판 1쇄 발행 2010년 1월 27일

지은이 리 웨이시엔
옮긴이 박지민
펴낸이 김연홍
펴낸곳 아라크네

출판등록 1999년 10월 12일 제2-2945호
주소 121-865 서울시 마포구 연남동 224-57
전화 02-334-3887 **팩스** 02-334-2068

값 12,000원
ISBN 978-89-92449-52-6 03320

※ 잘못된 책은 바꾸어 드립니다.